**Erkek Çocukların
Gençliğe İlk Adım Rehberi**

ER
GEN
LİK

PETA

Ergenlik
Scott Todnem
© 2022, Peta Kitap Yayıncılık Dağıtım A.Ş.

Özgün Adı: Growing Up Great
© 2019, Callisto Media, Inc
İllüstrasyonlar © 2019, Anjan Sarkar
Yazar Fotoğrafı © Ashley Summers
Bu kitap, ilk önce Callisto Media, Inc'e ait Rockridge Press tarafından İngilizce olarak yayınlanmıştır.

ISBN: 978-625-7232-28-9
1. Baskı: Mart 2022

Genel Yayın Yönetmeni: Gürcan Demirel
Çeviri: Gülfiza Balcı
Editör: Buse Dövücü
Son Okuma: Peri Dinçer
Kapak ve İç Uygulama: B&S Ajans

Yayınevi: Peta Kitap Yayıncılık Dağıtım A.Ş.
Tevfikbey Mah. Eravutmuş Sok. No:10/B
Sefaköy-Küçükçekmece / İstanbul
Tel: 0212 426 97 97 Sertifika No: 48735

Basım: Alioğlu Matbaacılık
Orta Mahallesi Fatin Rüştü Sokak No: 1/3-A
Bayrampaşa/İstanbul Tel: 0212 612 95 59
Sertifika No: 45121

**Erkek Çocukların
Gençliğe İlk Adım Rehberi**

ER
GEN
LİK

Çeviri: Gülfiza Balcı

ETA

Bu kitap çocuklarıma, aileme ve harika birer yetişkin olma serüvenlerinde ikinci kaptan olmama izin veren tüm öğrencilerime adanmıştır.

İÇİNDEKİLER

GİRİŞ

HAYATI YÖNLENDİRMEK ZOR OLABİLİR. Arkadaşlar, aile, okul, sağlık... Sen su üstünde kalmaya çalışırken sorumluluklar dalga dalga üzerine gelir. Ve işte sen, kendi geminin kaptanı olarak, keşfedilmemiş sularda yolunu bulup bulamayacağını merak ediyorsun. Hayatın öncelikleri seni tıpkı bir okyanusun akıntıları gibi, kimi eğlenceli kimi zorlu, birbirinden farklı rotalara çekebilir. Dümenini, adına ergenlik denen fiziksel ve duygusal fırtınanın içinde okul ödevlerinden hobilerine, ev işlerinden sosyal hayatına doğru çeviriyorsun.

Pekâlâ, hemen kendimizi kaptırmayalım. Hayat tam olarak bir film fragmanı değildir. Genç erkekler için ergenliği *"Değişen dünyada bir çocuk, ergenlik dalgaları arasında büyüme okyanusunu aşıp yetişkinliğe ulaşmak zorunda..."* diye anlatan derin, gür bir ses falan da yok. Bu tuhaf olurdu, değil mi? Aslında havalı da olabilirdi. Her neyse, gerçek hayata dönelim.

Büyümek hakkında bilmen gereken ilk şey, her şeyi kavramak zorunda olmadığındır. Yolculuğun boyunca bir şeyler öğrenmenin hiçbir sakıncası yok. Büyüyüp daha fazla sorumluluğun olduğunda bile her şeyi tamamen kontrol altına almak için telaşlanma. Şunu kabul et: Hiçbir kaptan yolculuğunun her detayını önceden bilemez. Gerçek şu ki hayat, mükemmel bir mücadele ve değişimden oluşur. Herhangi bir şey seni bunaltırsa, bunun geçici olduğuna inan. Şu anda üstesinden gelmeye çalıştığın şeyleri düşün. Ergenlik bunu değiştirmeyecek. Seni değiştirecek ama geçeceğin bu dönem boyunca sağlıklı ve mutlu olabileceğin gerçeği hep aynı kalacak.

Bunu, sağlık eğitimi öğretmeni olduğum için biliyorum. Her yıl, çocuklukla yetişkinlik arasındaki yaşam süreciyle baş eden yüzlerce öğrenciyle beraber çalışıyorum. Ortaokulda okuyan erkeklere; doğru bilgiyle, sağlam kaynaklarla ve bolca mizahla bu süreci geçirmelerinde yardımcı oluyorum. (Esprili biri olduğumu göreceksin. Sana "dostum" diye bile hitap edebilirim, dostum.) Ayrıca sanırım sadece dinleyerek çocukların içinde olduğu durumu anlamak gibi bir yeteneğim var. Sağlık ve zindelik tamamen öğrencilerin kendisiyle ilgili olduğu için derslerimde çok eğleniriz. Sanırım senin de bu kitabı seçme sebebin aynı, içeriği tamamen seninle ilgili! Doğru tercih, dostum.

Konular boyunca ilerlerken önemli bir şeyin farkına

varacaksın: Bilgi, güçtür. Doğru bilgi sayesinde vücudunu anlayacak ve ergenliğin aslında o kadar da kötü olmadığını fark edeceksin. Hatta bu durum oldukça heyecan verici çünkü tüm bu süreç büyüdüğün anlamına geliyor. Saygı kavramını bildiğine eminim. Saygının sende başladığını biliyor muydun? Öz saygı, kendine saygılı davranman ve değerli olduğunu bilmen demek. Öz saygı, fiziksel sağlık ve sosyal ilişkiler gibi hayatın diğer parçaları üzerinde de etkilidir. Büyüyor olman sadece kendine değil, aynı zamanda başkalarına da saygılı davranmanı gerektirir. Tabii ki herkes aynı değildir. Benzerlikleri olsa da insanlar düşünceleriyle, duygularıyla ve hareketleriyle eşsizdir. Ayrıca her *beden* de aynı değildir. Kesinlikle aynı şekilde büyümüyoruz. Kendine ve diğerlerine karşı saygılı olmak, iyi bir yetişkin olmanın işaretidir. (Evet, o yetişkin "dostum" da diyebilir.)

Bazı zor konular üzerinde ilerlerken, birtakım soruların olduğunu fark edebilirsin. Bu kitabın ailenle ya da sana bakan kişilerle arandaki iletişim yollarını açmanı sağlamasını umuyorum. Bazı konuları internette araştırırken dikkatli ol. Nasıl çalıştığını görmüşsündür muhtemelen. Anlaması zor siteler belirebilir, henüz görmeye hazır olmadığın görseller ya da videolar bir anda karşına çıkabilir ya da daha kötüsü, tamamen yanlış bilgiler edinebilirsin. Bunun yerine, bu bölümleri okuduktan sonra ihtiyaç duyduğun bilgileri öğrenmek için doktorun da dâhil olmak üzere güvenilir bir yetişkinle iletişime geç. Sonuçta yetişkinler de sadece büyümüş birer çocuktur. (Bazılarımız iri ve uzun boylu olabilir ama kalben hâlâ bir çocuğuz. İsim vermiyorum tabii ki.)

Bu kitap, öncelikle ergenliğin ne olduğu ve bu süreçte nasıl bir büyümenin bizi beklediği gibi temel konuları anlayabilmemiz için hazırlandı. Sonrasında genç bir erkek vücudunun nasıl gelişim gösterdiğini inceleyeceğiz. İlk önce boyumuzda, kilomuzda ve tüylerimizde oluşan değişimler gibi küçük konulardan bahsederek başlayacağız ve sonrasında ani ruh hâli değişimleri, beslenme, egzersiz ve üreme organlarıyla ilgili değişimler gibi daha büyük konulara değineceğiz. (Hey, aşağı bölgende neler oluyor?) Bütün değişimleri doğru temizliğe, duyguları kontrol etmeye ve mahremiyeti korumaya odaklanarak, genel sağlık ve zindelik açısından inceleyeceğiz. Of! Konuşacak çok konu var ama sen bunu kesinlikle hak ediyorsun. Ayrıca kitabın arkasındaki sözlük, yeni terimler ve kelimeler konusunda yardımcı olacak.

Bu arada sana şunu da söylemek istiyorum: Sen, bunu yapabilirsin. İkinci kaptanın olarak seni asla yanlış yönlendirmeyeceğim. Zamanla ve bu kitabın yardımıyla gayet iyi iş çıkaracaksın. Bu kitabı büyümek için kullandığın bir seyir haritası gibi düşün. Anlaşıldı mı kaptan? Atla o zaman, çünkü bu çıkmaya değer bir seyahat.

AH ŞU DEĞİŞİM ZAMANLARI

Çocukluk döneminden yavaş yavaş çıkarken kendindeki değişimlerin bazılarını çoktan fark etmiş olabilirsin. Ya da belki, değişimlerin yolda olduğunu biliyorsun ama neler yaşayacağından pek de emin değilsin. Belki de hayatındaki başka biri değiştiğini fark etmiş ve senin için bu kitabı seçmiştir. Onlara bir beşlik çak çünkü bu, sana değer veriyorlar demektir. Durum hangisi olursa olsun, bilgi edinmek için buradasın. Ve gerçeği hak ediyorsun. Dürüst olalım; arkadaşların her şeyi bilmiyor, her ne kadar öyleymiş gibi davransalar da. Bu bölümde, bilip bilmemeni hesaba katmadan ergenliğin temel konularına değineceğiz. Ah, bu arada kendini hazırla çünkü birazdan ve kitabın geri kalanında seni kıkırdatacak bazı kelimeler olabilir. Hiç sorun değil. Ama gerçeği öğrenmen için her zaman doğru ve uygun terimleri kullanacağız. Unutma; bilgi, güçtür. Hadi bu değişim zamanlarının temellerine bir bakalım!

ERGENLİK

Herkes ergenlikten geçer. Ancak insanlar bundan pek bahsetmezler. O veya bu sebepten dolayı insanlar, değişen bedenleri hakkında konuşmayı pek istemezler. Bu, ergenliğin birçok açıdan kişisel ve özel bir deneyim olmasından kaynaklı olabilir. Ya da insanlar yanlış bir şey söylemekten veya saçmalamaktan korktuğu için olabilir, ne de olsa kimse gülünç duruma düşmek istemez. Bazen ergenlik hakkında konuşmanın ayıp, uygunsuz ya da bir şekilde terbiyesizce olduğu düşünülebilir. Bunun gerçekle uzaktan yakından ilgisi yoktur. Ergenlik yanlış, ayıp ya da garip değildir. Biraz utanç verici hissettirebilir ama açık ve dürüst bir şekilde konuşmak bu konuda yardımcı olabilir. (Tıpkı bu kitapta yaptığımız gibi, öyle değil mi?) Ergenlik olmasaydı büyüyüp üreyemezdik. Kısaca söylemek gerekirse, üreme olmadan insanlık da olmaz! Gördüğün gibi ergenlik, hayatın normal ve gerekli bir parçasıdır.

Ergenlik Nedir?

Ergenlik, bir bireyin çocukluktan çıkıp yetişkinliğe geçtiği zaman dilimidir. Vücudun cinsel olarak olgunlaştığı ve üreyebilir olduğu fiziksel gelişim dönemidir. Bu, genç erkeklerin artık birer yetişkin erkek gibi görünüp, seslerinin birer yetişkin erkek gibi çıkması anlamına geliyor. Bunun sebebi hem basit hem de karmaşık. Bir yandan bu süreç, beynin görevini yerine getirdiği anlamına da geliyor. Beynin, vücudunun geri kalanına, büyüyüp olgunlaşması için "hormon" denen belli başlı kimyasalları üretmesini söylüyor. Bu hormonlardan bir tanesi, genç erkeklerin ergenlikte yaşadığı değişimlerin birçoğuna sebep olan testosterondur. Testosteron testislerde üretilir ve vücut kılı, kas gelişimi ve kalın ses gibi erkeksi özelliklerden sorumludur.

İşin ayrıntılı açıklaması elbette ki daha karmaşık çünkü bu olayın içerisinde testosterondan daha fazlası var. Doğru etkiyi yaratmak için vücuttaki hormonların belirli bir dengede olması gerekir. Vücudun çalışma şekli inanılmazdır ve muhtemelen okulda da bu konuyla ilgili daha fazla şey öğreneceksin, özellikle de biyoloji gibi derslerde. Şimdilik beyninin ve vücudunun üstlerine düşeni yaptığını bilmen yeterli. O yüzden alnından akan şu teri sil. Burada sınav olmayacağız.

Genlerini Gururla Taşı

Şimdi kısa bir fen bilgisi dersi yapacağız. Genç bir erkeğin ergenlikte yaşadığı değişimlerin temel unsurlarından biri genleridir. Genler, biyolojik ailenden gelen özelliklerdir ve seni oluşturmak için yazılmış kodları barındırır. Anne ve babamızdan ayrı ayrı genler alırız ve bu genler benzersiz bir biçimde eşleşerek, gelişip varlığını sürdürmesi için vücudunun haritasını oluşturur. Ayrıca kromozom ve DNA gibi terimler de duyacaksın. Bunlar bir kişinin mikroskobik yapı taşlarıdır. Tekrar söylüyorum, biraz karmaşık olabilir ama bahsedilmeyi hak ediyorlar. Genler kısaca senin oluşturulma bilgilerindir. Ve senden önce dünya tarihinde o bilgilerin eşi benzeri yoktu. Sen, tamamen ve büsbütün eşsizsin. Genlerini gururla taşı çünkü hiç kimse sen olmadı ve asla olmayacak.

Şu andan itibaren "ebeveyn" kelimesi sana bakan herkesi kapsayacak çünkü her aile, birbirinden farklı bireyleri içinde barındırabilir. Özellikle biyolojik anne ve babanı belirtmek istemediğim sürece, "ebeveyn" kelimesinin sana koruyuculuk yapan herkes için geçerli olduğunu unutma.

Ne Beklemeliyim?

Genlerinin, biyolojik ebeveyninle aynı şekilde çalışmasını beklemelisin. Yani büyüyünce biyolojik annen ve baban gibi görünecek, hatta biraz da onlar gibi davranacaksın. Ama çevrenden dolayı, yani büyürken etrafında olan bitenlerden ötürü, ebeveyninden daha farklı birey hâline geleceksin. Bir parçan *doğan,* bir parçan da *yetiştirilme şeklindir.* Doğamız, doğduğumuzda sahip olduğumuz özelliklerdir. Yani genler, hatırladın mı?

Gelişim göstermek için bazı temellere sahip olarak doğarsın ancak bu, geleceğinin çoktan kurulu olduğu anlamına gelmez. Vücudunun nasıl büyüyeceğini söylemesi için yazılan genetik kod, sadece genel bir taslaktır. Senin için her şey düzenlenip bitmiş değildir. Seçimlerin ve tavırların, gelişme çağında nasıl sağlıklı kalacağın konusunda büyük rol oynar. Buna rağmen bile büyüme şeklinde farklılıklar olabilir. Kendini bir bitki tohumu gibi düşün. Verimli bir toprağın ve güvenli bir çevren olabilir ama güneşin ve yağmurun da etkisi de unutulmamalıdır, bunlar da günden güne değişiklik gösterebilir. Benzer şekilde, genlerinin de senin için hazırladığı güzel bir planı vardır ama ergenliğe giriş zamanının ve yaşadığın değişimler; yaşıtlarından, kardeşlerinden ve ebeveyninden farklılık gösterecek.

Basitçe anlatmak gerekirse, boyunda ve kilonda fiziksel değişimler görmeyi bekleyebilirsin. Koltuk altlarında, yüzünde ve kasık bölgende tüylerin çıkmasını bekleyebilirsin. Penis ve testis olarak da bilinen üreme organlarının boyutlarında değişim olmasını bekleyebilirsin. Kaslarında gelişme bekleyebilirsin. Daha kalın bir ses bekleyebilirsin. Sivilce bekleyebilirsin. Ani ruh hâli değişimleri, enerji değişimleri ve hatta diğer insanlara karşı ilgi duymayı bekleyebilirsin.

Bazı konularda bir yetişkin gibi, bazı konulardaysa hâlâ bir çocuk gibi hissetmeyi bekleyebilirsin. Genel olarak bu değişimler en erken 9, en geç 14 yaşında başlayacaktır. En erken 16, en geç 20 yaşında da bitecektir. Ancak belirli bir yaşa geldiğinde her şeyin aniden olmasını bekleme çünkü genç erkeklerde büyüme ve gelişim şekli birbirinden farklılık gösterir. Zaten ilerleyen bölümlerde bu değişimlerden etraflıca bahsedeceğiz.

Normal Nedir?

Ergenlik çağındaki herkesin ortak sorusu şudur: "Ben normal miyim?" Bu, hepimizin aidiyet gibi temel bir ihtiyacı olduğunu kanıtlayan yerinde bir endişe. Başımızdan geçen her şeyin normal olduğunu bilmek isteriz. Yalnız hissetmek istemeyiz, özellikle de ergenlik zamanı vücudumuzda değişimler meydana gelirken. Öncelikle, ergenlikte neredeyse her şey normaldir. Genç erkekler kendi hızlarında sürekli değişirler. Farklılıklar olabilir. İniş çıkışlar yaşarlar. Bu iniş çıkışların arasında büyüme atakları, daha fazla vücut kılı ve üreme ile ilgili gelişmeler vardır. Ayrıca kısa teneffüslere benzeyen büyüme duraklamaları da iniş çıkışlar arasındadır. Bunlar, her genç erkeği normal yapan büyüme okyanusunun gelgitleridir.

Diğer genç erkeklerle aynı ölçüde büyüyüp büyümediğini merak etmek de normaldir. Boyunun uzunluğunu, vücut kıllarını, penis boyunu, ses tonunu ve kas yapını doğal olarak merak edeceksin. Vücudunun doğru bir oranda gelişim gösterip göstermediğini merak etmen çok doğal bir durumdur. Ama kendini diğerleriyle kıyaslamak risklidir, bu yüzden bu konuda dikkatli ol. Bölüm 2'de ve sonrasında bazı rakamlardan daha çok bahsedeceğiz. Ayrıca kitap boyunca bir gözün aralardaki istatistiklerde olsun. İstatistikler rakamlardır, dostum. Ama sen bunu zaten biliyorsun.

SAYILARIN GÜCÜ

Dünyada 10-18 yaş aralığında yaklaşık 1,5 milyar ergen vardır. Bu, ergenlik çağını yaşayan bir sürü insan demek! Bu sayının neredeyse yarısını erkekler oluşturuyor, bu da *büyüme* sürecine başlayan 300 milyondan fazla genç erkek anlamına geliyor. Kesinlikle yalnız değilsin. Erkekler genellikle 9-14 yaşlarında ergenliğe başlama eğilimi gösterirler. Çoğununki 16-18 yaşlarında son bulur. Ama herkesin kendine özgü bir hızda büyüdüğünü aklından çıkarma. Değişimler 20'li yaşlara kadar sürebilir.

BÜYÜMEK VE DEĞİŞMEK

Ergenlikte vücut, ürkütücü derecede değişebilir. İniş çıkışlara rağmen genellikle büyüme temposu bu dönemde hızlı ve öfkelidir. Bundan daha hızlı büyüdüğün tek zaman bebeklik yıllarındı. Ergenlik yolculuğunun diğer ucundan bambaşka biri olarak çıkacaksın. Değişim iyidir, hatırlıyorsun değil mi? Ergenlik çağında bizi neyin beklediğini bilmek de çok önemli. Hedefin tam karşında dostum, ergenliğin ilk dalgaları kıyıya vurmak üzere.

Ergenliğin İlk Belirtileri

Ergenlik, aniden oluşan çok sayıda küçük değişimle başlar. Küçük dönüm noktaları ergenlik çağı boyunca devam eder. Çoğu genç erkek için ergenliğin ilk belirtileri ufaktır; omuzlar biraz daha belirginleşir, ses biraz daha kalınlaşır ya da son altı ay içinde boy biraz daha uzar. Belki üreme organlarının renginde koyulaşma ve testislerinde büyüme olabilir. Ya da belki kasıklarında ve penisin hemen yukarısında yeni tüyler çıkabilir. Tüm bu belirtiler ergenlik göstergesi olsa da herkeste aynı sırayla ortaya çıkacak diye bir kesinlik yoktur.

Vücudun en temel yetişkinliğe hazırlanma şekli boy uzaması ve kilo alımıdır. Ergenlikte en etkin hormon olan testosteron, genç erkeklerin belirli vücut ölçülerine ulaşmasını sağlar. Bir sonraki bölümde bahsedeceğimiz gibi, boy uzamasıyla birlikte kiloda da artış olur. Bu, ilk önce ellerde veya ayaklarda fark edilebilir. Bu uzuvlar başlangıçta vücudun diğer kısımlarına oranla daha hızlı büyürler ve bu da bazı genç erkeklerin biraz sakarlaşmasına sebep olabilir. Kas kütlesi gelişmeye başlayacak; omuzlar, bacaklar ve göğüs büyüyüp şekillenecek. Ayrıca eklemlerinin ve kaslarının daha büyük bir sen oluşturmak için çalıştığını gösteren büyüme ağrısı hissedebilirsin.

Ergenliğin başladığını gösteren belirtilerden bir diğeri de sesin. Bu defa kendini, sesindeki çatallanmalara hazırla. Aile üyeleri bu konuda şakalar yapmaya bayılır. Sorun değil, hepsi seni seviyor. Okulda ya da bazı etkinliklerde de insanlar bu çatallanmaları fark edebilir. (Cevabın ne mi olacak? "Sesim hakkında şaka yapmayın, lütfen." deyip, onlara manalı manalı güleceksin.)

Vücut kılların yoğunlaşabilir. Kol ve bacak kıllarının rengi koyulaşıp belirginleşebilir. Koltuk altı kılların ilk başlarda cılız olabilir ama zamanla kalınlaşacak. Penisinin hemen yukarısındaki ve göbek deliğinin altındaki küçük bölgelerde kıllar oluşmaya başlayacak. Bu kıllar karın bölgene, bacaklarının iç kısmına ve meme uçlarına çıkabilir. Meme uçlarından bahsetmişken, göğüs bölgende ve meme uçlarında biraz hassasiyet ve şişkinlik olabilir.

Cildin biraz daha yağlanabilir. Özellikle koltuk altı ve bacak aranda terleme artacak. (Hani şu aşağıdaki kasık bölgende.) Terlemeye ve vücut kıllarında değişime neden olan hormonlar yüzünden artık temizlik çok önemli bir hâle gelecek. Yüzünü, koltuk altını, penisini ve testislerini her gün gece ve gündüz yıkamak sivilceyi ve kokuyu azaltmana yardımcı olacak. Sivilce ve siyah noktalardan kaçış yok, onlar olacak. Terlemeden ve bakteri miktarındaki artıştan dolayı vücut kokun daha yoğun olacak. Temizliğine dikkat ederek işleri yoluna koyabilirsin, buna daha sonra detaylıca değineceğiz.

Ergenliğin başlamasıyla genital bölgen ya da diğer adıyla, dış üreme organların biraz daha büyüyecek. İlk önce testislerin büyüyecek. Testisler pek de "top" gibi değildir, şekillerinin daha oval olduğunu fark edeceksin ve onlar da çok daha hassas olacak. (İnanması güç değil mi? Onları iyi koru!) Testis torbası, testisleri saran deri keselerdir. Bunlar da büyüyüp kalınlaşacak ve cinsel organlarının tamamının rengi koyulaşacak. Testislerinin ve testis torbanın büyümesiyle penisin de büyüyecek, bu noktada ereksiyon yaşamaya başlayabilirsin. Uyarılmış penis erekte penis olarak adlandırılır. Ereksiyon, penisin kanla dolmasından dolayı sertleşerek yukarıya doğru dikleşmesidir. Bu normaldir ve hiçbir sebep olmadan da gerçekleşebilir.

İlerleyen bölümlerde tüm bu değişimlerden ve daha fazlasından söz edeceğiz.

Ergenlik Zaman Çizelgesi

Ergenliğin ilk dalgasından sonra başka neyin geleceğini merak ediyorsundur. Genç erkekler genellikle artık bunlara hazırlıklı olurlar, özellikle de daha güçlü veya daha uzun ve olgun görünmeye başladıklarını hissederlerse. Bu, tıpkı bir tatlı yemeye benzer; eğer birazının tadını beğendiysen tamamını istersin! Sakin ol dostum. Vücudunun kendi talimatlarına göre çalıştığını unutma. Yani son karar içindeki genlerde. İşleri hızlandırıp yavaşlatamazsın. Kendini akışa bırak!

İşte sana genel bir zaman çizelgesi ancak unutma ki herkesin kendine ait bir hızı vardır. Rakamlar değişkenlik gösterebilir.

9-12 YAŞ: Hormon seviyesi artar. Vücut ölçüsü değişir, kaslar gelişir. Boy ve kilo yükseliş gösterir. Ses değişmeye başlar. Vücut kılları belirginleşir.

10-14 YAŞ: Vücut ölçüleri artmaya devam eder. Koltuk altı ve genital bölgedeki kıllar daha da belirginleşir. Terleme ve vücut kokusu artar. Düzenli temizlik gerekli hâle gelir. Önce testisler ve testis torbası, ardından penis büyür. Ereksiyon sıklığı artar. Meme uçları şişip hassaslaşabilir.

11-16 YAŞ: Boy ve vücut ölçüleri artmaya devam eder. Genital bölgedeki kıllar koyulaşıp yayılır. Koltuk altı kılları artar. Temizlik ihtiyacı ergenlik boyunca devam eder. Göğüs ve yüz kılları oluşmaya başlar, özellikle dudakların üzerinde ve kulakların ön kısmında. Ses oldukça kalınlaşıp değişmeye başlar. Testisler ve penis büyümeye devam eder. Ereksiyon yaşanabilir ve cinsel içerikli rüyalar görülebilir.

12-17 YAŞ: Cinsel organlar büyümeye ve bölgede ten rengi koyulaşmaya devam eder. Cinsel içerikli rüyalar sıklaşmaya başlayabilir. Yüz hatları ve kas yapısı daha olgun görünmeye başlayabilir. Vücut ve yüz kılları belirginleşir ve tıraş edilmesi gerekebilir. Boy uzaması yavaşlar. Vücut yağlanmaya devam eder, yüzde ve vücutta sivilceler çıkabilir.

16-18+ YAŞ: Genç erkekler yetişkinlik boylarına ulaşır. Genital bölge kılları, yüz kılları ve üreme organları bir yetişkininki gibi görünür. Ses değişimi tamamlanır. Meme uçları büyümez veya hassaslaşmaz. Temizlik ve tıraş ihtiyacı yetişkin bir erkeğinki kadardır.

Değişim Hızı

Şimdiye dek defalarca bahsettiğim gibi, değişimler herkes için farklıdır. Her genç erkek için kusursuz bir zaman çizelgesi hazırlamamız mümkün değil ancak buna zaten ihtiyacımız yok. Seni bekleyen şeyler hakkındaki genel fikrin, hepsinin gayet normal olduğu olmalıdır. (Hem zaten kim tüm kurallara uyabilir ki?) Değişimleri deneyimleme oranındaki çeşitlilik de dâhil, her şeyin normal olduğunu bilmek sana yardımcı olabilir. Arkadaşın, komşun, kuzenin ya da erkek kardeşin için doğru olan senin için doğru olmayabilir. Vücudunun ne yapması gerekiyorsa onu yaptığını bilmen, umuyorum ki kendine saygı duymanı sağlar.

VÜCUDUN DEĞİŞİYOR

Değişim iyidir. Bunu her zaman aklımızda tutalım. Bugün beş yaşındaki hâlin gibi olmak istemezsin. Sonsuza dek şu anki yaşında da kalmak istemezsin. Neyse ki vücudun görevini yerine getiriyor, bu yüzden başka seçeneğin yok, olması gerektiği gibi büyüyüp gelişiyorsun. Ama elinde duymak isteyeceğin bazı seçeneklerin de var. Hayat ikisinin bir dengesi olacak. Bazıları senin kontrol edebileceklerin, diğerleriyse vücudunun kendi kendine baş edeceği şeyler. Değişimleri yakalayamadığını ve vücudunun çok yavaş ya da çok hızlı büyüdüğünü hissedersen şunu hatırla: Normal görünmek herkes için farklıdır. Farklılıklar doğaldır. Erkekler uzun ve zayıf ya da kısa ve kilolu olabilir, bunların hepsi çok normal. İşte vücut ölçülerin değişmeye başladığında beklemen gerekenler bu bölümde.

BOY VE KİLO

Herkes belli bir vücut şekliyle doğar. İnsanlar tıpkı diğer hayvan türleri gibi eşsizdir. Aynı ebeveynden doğmuş olmalarına rağmen kardeşler bile birbirinden farklı görünüp davranabilirler. (Erkek kardeşin ya da kız kardeşin seni gıcık mı ediyor? Kötü haber dostum: Sen de onları gıcık ediyorsun.) Yüz hatları, kişilik, boy ve kilo gibi fiziksel özellikler... Hepsi çeşitlilik gösterebilir. Küçük bebekler büyüdüklerinde uzun bir yetişkin olabilir. İri çocuklar ergenlik yıllarında zayıflayabilirler. Bunların hepsi genetiğe bağlıdır, bu kelimeden Bölüm 1'de bahsetmiştik, hatırlıyor musun? Genetik kodun büyüme biçiminin tohumlarını eker ama kendin için neler yaptığının da etkisi vardır. Beslenme ve egzersiz alışkanlıkların önemlidir. Aynı şekilde televizyon, internet ya da video oyunları gibi teknolojilerle zaman geçirme alışkanlığın da. Bu alışkanlıkları doğru bir şekilde idare etmek genç erkeklerin sağlıklı kalmalarına ve ergenliğe uyum sağlamalarına yardımcı olur.

Büyüme Atakları

Hiç boyundaki veya kilondaki değişimi takip ettin mi? Ebeveynin senin için büyüme tablosu tutuyor ya da duvara çizgi çekiyor mu? Doktor muayenesinin yanı sıra, ailelerin çocuklarının büyümelerini bir çizelge hâline getirmeleri oldukça yaygındır. Akrabalar, seni son gördüklerinden beri ne kadar büyüdüğünü söylemeyi severler. Her şeyden önce, evet, bu doğru! Bunu günden güne göremesen de büyüyorsun! "Şu hâline bak! Tanrı'm, ne kadar da büyümüşsün." diyen aile üyelerine hak vermelisin. Pantolonlarının kısa kaldığı ya da bir gecede çok boy attığın konusunda espriler yapabilirler. (Tam da burada iğneleyici bir cevap yapıştırma zamanı: "Gerçekten mi? Boy mu atmışım? Ama benim bir şeyi 'boyatmaya' ihtiyacım yok ki!") Ama yine de onlara fazla yüklenmemeye çalış. Sendeki değişimi fark ediyorlar ve bunda hiçbir sorun yok, bu durum onlar için de oldukça heyecan verici.

Hatırlarsan ergenlik, çocukluktan çıkıp yetişkinliğe vardığın zaman dilimiydi. Bu zaman diliminde vücudun, hayatının geri kalanı için hazırlık yapar. Bu süreç zaman zaman yavaşlayıp zaman zaman hızlanabilir. Şunu sık sık tekrar edeceğiz: Herkes kendi hızında büyür. Genç erkeklerde ergenliğin genellikle 9-14 yaşları arasında başlaması beklenir. Bu yaşlarda büyüme atakları geçirebilir ve bir ay gibi kısa bir sürede boyları hızla uzayabilir. Aynı zamanda bir süre pek bir değişimin gözlemlenmediği gecikme dönemleri de olabilir. Bu durum, Bölüm 1'de değindiğimiz hormonlar sebebiyle çeşitlilik gösterir. Bir doktor muayenesi, son kontrolden bu yana ne kadar büyüdüğünü kanıtlayabilir. Bazı durumlarda ise genç bir erkek, sınıf arkadaşlarından çok daha uzun boylu olabilir, kıyafetlerine sığamayacak kadar hızlı büyüyebilir. Yıllık doktor muayenesi sonucunda, 2-16 santimetre arası boy uzaması gözlemlenebilir. Endişelenme. Eğer ters giden bir şeyler olursa, doktorun seninle izlemen gereken yol haritan hakkında konuşacaktır. Böyle bir durum oluşmazsa vücudun kendi çizelgesinde ilerliyor demektir. Boyun ne kadar olursa olsun, sağlıklı olabilirsin.

Aile hekimin seni muayene ettiğinde kaslarında, eklemlerinde ya da omurganda neler olup bittiğini görebilir. Eğer büyüme oranın yüksekse, vücudunda büyüme ağrısı dediğimiz ağrılar olabilir. Genellikle bunlar büyük bir sorun değildirler ama senin için biraz tatsız olabilir. Kasların, vücudundaki kemik gelişimine yetişmeye çalıştığı için bu ağrıların gelip gitmesi çok doğal. Büyüme ağrıları genellikle kaslarda olur, eklemlerde değil; bu yüzden eğer eklemlerinde seni rahatsız eden bir şeyler varsa doktoruna git. Ağrı; kalçada, bacakların ön kısmında, baldırda, alt bacaklarda ve dizlerin arka kısmında olabilir. Merak etme, bunlar yalnızca geride kalacak kısa süreli ağrılar.

Doktorun, omurlarının doğru sıralandığını görmek için omurganı, hani şu sırtında boydan boya sıralı olan küçük kemiklerini, kontrol edebilir. Eğer "S" veya "C" şeklinde bir eğrilik varsa omurganın yana doğru eğilmesinden kaynaklanan ve yaygın bir sağlık durumu olan skolyoz teşhisi koyabilir. Eğer böyle bir durum olursa, durumu düzeltecek pek çok tedavi yöntemi var.

İLGİNÇ GERÇEKLER

Tarihte kayda geçmiş en uzun boylu adam 2,7 metre boyunda ve 222 kilogram ağırlığındaki Robert Wadlow'dur (1918-1940). En kısa boylu adam ise 54,6 santimetre boyundaki ve 14,5 kilogram ağırlığındaki Chandra Bahadur Dangi'dir (1939-2015). Bu da genç erkeklerin yetişkinliğe geçiş yaparken farklı vücut tiplerine sahip olduğunu kanıtlıyor.

Dış Görünüş ve Kilo Değişimleri

Tıpkı boyun gibi vücut ağırlığın da genlerine bağlıdır. Ağırlaşmak güzel bir şeydir. Boyun değişiyor ve bu yüzden aldığın kiloların bir kısmı, organların büyüdüğü ve bacakların uzadığı için kemik ve doku kütlesi olacak. Aldığın kiloların bir kısmı da kaslarından oluşacak. Omuzlarının genişlediğini, göğsünün ve kollarının daha kaslı göründüğünü fark edeceksin. Bazı erkeklerin daha zayıf görünen kas dokusu, daha hantal bir görüntüsü ya da gelişen kasları saran yağ dokusu olabilir. Durum her ne olursa olsun bir sürü normal vücut tipi var.

Ergenlikte alınan kiloların bir kısmı vücut yağıdır. Yağ, fazla miktarda olması hâlinde sağlıksız sonuçlar doğuracağı için kötü bir şöhrete sahiptir. Ancak doğru orandaki vücut yağı (diğer adıyla yağ doku) enerji depolaması, vücut sıcaklığı, vitamin emilimi ve sağlıklı cilt için faydalıdır. "Deri altı yağı" dediğimiz yağ çeşidi derinin altında yer alır, ısınmaya yarar ve tampon görevi görür. "İç organ yağı" olarak adlandırılan bir diğer yağ çeşidi ise iç organları sararak onları korur. Bazı genç erkekler, çocuklukları boyunca sahip oldukları "bebeklik yağlarını" ergenlik döneminde kaybederlerken, bazılarının yağ dokusunda artış olabilir. Kas dokusunun ve yağ dokusunun birbirinden farklı şeyler olduğunun bilinmesi gerekir. Biri diğerine dönüşemez. Vücudunda her ikisinden de belli miktarda bulunur. Tartıda gördüğün ağırlık, kas ve yağ kütlesi bakımından vücudunun yapısını belirleyemez; bu yüzden tartının sadece bir kılavuz olduğunu unutma. Doktorlar boyunun ve kilonun yaşına uygun olup olmadığını anlamak için "vücut kitle indeksi" ölçümünü kullanırlar. Bazen ortalamanın altında ya da üstünde olsa bile doktorun vücut kitle indeksinin sağlıklı olduğunu düşünebilir, kilo problemin varsa zaten bunu sana ve ailene söyleyecektir.

Sağlıklı tercihler boyunu ve kilonu etkileyebilir. Çocukluğunda formda olmanın, ergenliğinde ve dolayısıyla yetişkinliğinde de etkisi bulunur. Sağlıklı çocukların sağlıklı ergenler olma yatkınlığı vardır. Beslenme, egzersiz ve uyku alışkanlıklarının vücudunun gerekeni yapması konusunda faydası bulunur. Sağlıklı beslenme, beyninin hormonlarını ve hafızanı başarılı bir şekilde yönetmesini sağlar. Fiziksel aktivite, kaslarının çalışıp gelişmesine yardımcı olur. Uyku, gerçekleşen bütün değişimlerin altından kalkabilmesi için zihnine ve vücuduna zaman tanır. Ergenlik, bebekliğinden sonra yaşadığın en hızlı ikinci büyüme evresidir. Bu büyüme ile enerji ihtiyacında da artış olur. Bu da daha sık acıkabileceğin ve hafta boyunca ek besinlere ihtiyaç duyabileceğin anlamına gelir. Vücudun kalori adı verilen, yiyeceklerin içindeki enerjiyi kullanır ki bu sayede boyundaki ve kilondaki artış için gerekli yakıtı elde eder. Evet, cips ve gazlı içeceğin tadının çok güzel olduğunu hepimiz biliyoruz ama abur cubur yerine yararlı gıdalara sadık kalmak için elinden geleni yap. Ayrıca beynin, en sevdiğin bilgisayar oyunundaki zorluklara meydan okumaktan keyif alıyor olabilir ama egzersizi ya da uykuyu bunun için feda etmemelisin. Bu temel ihtiyaçlarına dikkat et ve ekran karşısında geçirdiğin zamanı dengede tut. Büyümen buna bağlı!

Beslenme, egzersiz ve uykudan Bölüm 5'te bahsedeceğiz. Boyunla ve kilonla ilgili özel soruların olursa, her zaman doktoruna sorabilirsin.

SAKIN KIYASLAYAYIM DEME

Başkalarına dikkat etmek doğaldır. Uzun boylu erkekler, güçlü erkekler ya da en iyi sporcular insanların dikkatini çekebilir. İnternetteki, televizyon programlarındaki ya da reklamlardaki kaslı erkeklerin iri ve erkeksi bir şekilde sergilendiklerini görmek mümkün. Unutma ki fotoğraf filtreleri ve bilgisayar hileleri ile gördüklerin gerçek olabilir de olamayabilir de. Ve seçkin profesyonel sporcular mı? Onlardan dünyada sadece birer tane var. Unutma ki zihinsel olarak da bedensel olarak da herkes kendi oranında ve gücünde değişimler yaşar. Kendi boyun, kilon ve büyüme hızın konusunda her zaman doktorunla ve ebeveyninle konuşabilirsin. Şunu aklından çıkarma: Kıyaslama yapmak çoğunlukla adil değildir, bu yüzden sakın kıyaslayayım deme!

TEMİZ TUTMAK

Vücudunu temiz tutmak göründüğü kadar kolay olmayabilir. "Kendini temiz tut!" demek her ne kadar kulağa basit gelse de kesinlikle çok daha karmaşıktır. Vücudunda değişimler yaşarken onunla nasıl ilgileneceğin konusuna gireceğiz ancak her şey temel bilgilerle başlar. Sonuçta planın, büyüme esnasında değişimlere göğüs germek. Ergenlik çağında saç bakımını, cilt bakımını ve vücudunun diğer kısımlarının bakımını görmezden gelme.

Saç Bakımı

Çocukluğundan beri saç bakımının önemini biliyorsundur. Muhtemelen küçükken ebeveynin bu konuda sana yardımcı olmuştur ama artık iş sende. Belki birilerinin saçlarına verdiği şekli hiç sevmedin ya da belki nasıl olduğunu hiç umursamadın. Durum her nasıl olduysa olsun, artık bu konuda daha fazla söz hakkına sahip olacaksın. Ergenlik çağında edindiğin saç alışkanlıkları, uzun vadede seni başarıya ulaştıracak. Mükemmel saçların olsun istersin, değil mi? Pekâlâ, baş ve saç derisi sağlığının bu konudaki katkıları büyüktür.

Öncelikle herkesin eşsiz bir saç modeli yoktur ama herkesin eşsiz saç kökleri vardır. Saç kökü; vücudundaki yaşlı hücrelerin bir araya toplandığı derinin bir parçasıdır. Bu hücreler, derinin yüzeyindeki gözenek dediğimiz küçük deliklerden dışarı itilen saçları oluşturur.

Her saç kökünün tipi, saç modelini (düz, dalgalı, kıvırcık, bukleli, kabarık vs.) belirler. Genetiğin bunda büyük payı vardır, soyağacımızda saçlar oldukça güçlü köklere sahiptir. (Saç: Kök. Kök: Ağaç. Vay canına, bu tam bir döngü.) Saç modeli, aile geçmişimiz anlamına gelen kalıtımımızla yakından ilişkilidir. Bu sebeple saç modellerindeki farklılıklar, ırklardaki farklılıklardan dolayı değişkenlik gösterebilir. Örneğin; eğer kök yuvarlaksa, saçlar düz uzama eğilimi gösterir. Oval kök, dalgalı saçları oluşturur. Elips şeklindeki köklerden ise kıvırcık ya da bukleli saçlar oluşur. İlginç, değil mi?

Saçının şekli, saçının yağ oranını da etkileyebilir. Kıvırcık saçlı insanlar, saçlarını düz saçlı akranları kadar sık yıkama ihtiyacı duymayabilir. Ancak kıvırcık saçlı insanlar kafa derisinde tahrişi, pullanmayı ya da kepeklenme denen ciltteki kurumayı daha sık yaşayabilirler. Ama yine de saçların kardeşlerininkinden bile farklı olabileceğinden, bu konuda kesin kurallar yok.

Saçlar ince ya da kalın, kısa ya da uzun, altın sarısı ya da turuncu, hatta simsiyah olabilir; hepsi mükemmeldir. Saçlarına verdiğin tarz, kişiliğinle uyumlu olarak eşsiz bir görünüş oluşturabilir ki bu da tıraşı ve saç bakımını daha eğlenceli bir hâle getirir. (Ancak kendine de fazla yüklenme, hazırlanırken gideceğin yere geç kalmak istemezsin.) Kararın ne olursa olsun saçlarını temiz tut. Bu, saçlarını haftada bir iki kez şampuanlaman anlamına da gelebilir, neredeyse her gün yıkaman anlamına da. Saç kremi kullanabilirsin de kullanmayabilirsin de. Ebeveynin, senin ve saçların hakkındaki bilgilerine dayanarak belirli bir yıkama alışkanlığı ve şampuan markası önerebilir. Saçlarını yıkarken şampuanın kafa derine ulaştığından ve parmak uçlarınla biraz masaj yaptığından emin ol. Bu, gözeneklerin temiz kalmasına ve kafa derinin yenilenmesine yardımcı olur.

Banyodan sonra bazı erkekler saçlarını kurutup doğal hâline bırakırken, bazıları saç bakım ürünleri kullanmayı tercih edebilir. Bu, sahip olduğun saç tipinden ya da saçlarına belli bir tarz vermek istemenden dolayı olabilir. Yağlar, jöleler, kremler ve saç şekillendiriciler karşına çıkabilecek saç bakım ürünleridir. Her biri birbirinden farklı sonuçlar verir ve bazıları senin saç tipine daha uygun olabilir, deneyip sana uygun olanı bulmanda hiçbir sakınca yok.

Ergenlik aynı zamanda koltuk altı ve genital bölge kıllarının da oluştuğu zamandır. Bu da koltuk altı ve genital bölge bakımının önemli olduğu anlamına gelir. Genç erkeklerde koltuk altı kılları cılız ve ince olabileceği gibi kıvrımlı ve koyu parçalar hâlinde de çıkabilir. Kasıklarının kenarlarında ve kemer hizasının hemen altında kalın ve gür kıllar da ince ve seyrek kıllar da oluşabilir. Bunların hepsi genlere yazılı olan vücut kılı tipine bağlıdır. Vücut kılları, genellikle kaşların ya da bacak kılların gibi vücudunun diğer yerlerindeki kıllarla aynı renkte olur. Ancak bazen genital bölge ve koltuk altındaki kıllar biraz daha koyu renkli olabilir. Rengi, tipi ya da miktarı ne olursa olsun, saçların gibi vücut kıllarını da yıkayarak temiz tut. Sabun ya da şampuanın her ikisi de iş görür. Bunu yapman, bakteri denen küçük mikroorganizmaların sayısını en az seviyede tutmanı sağlayacaktır. Bakteri, vücut kokunu etkileyen bir şeydir. İşte sana ilginç bir gerçek: Terin bir kokusu yoktur. Ancak ter ile vücudundaki bakteriler bir araya geldiğinde kötü koku oluşabilir. Herkes terler. Her gün yıkanmak, hayatının ilerleyen yıllarında da devam ettireceğin bir alışkanlıktır.

Bölüm 4'te genital bölge kıllarından ve genital değişimlerden derinlemesine bahsedeceğiz.

İçinde Yaşadığın Deri

Derinin de bir organ sayıldığını biliyor muydun? Sadece bu kadar da değil; deri, insan vücudunun en büyük organıdır. Çok geniş bir yüzeyi kaplamaktadır, bu da derinin toplam vücut ağırlığının yüzde 15'ini oluşturduğu anlamına geliyor. Deri, vücut kısımlarına bağlı olarak çeşitlilik gösterir. En ince tabaka göz kapaklarımızda, en kalın tabaka ise ayak tabanlarımızda ve avuç içlerimizdedir. Derimiz vücut ısımızı korumamızı sağlar; bizi yaralanmalardan, hastalıklardan korur ve hissetmemizi sağlayan sinir uçlarını barındırır. Gerçekten etkileyici bir organ.

Derinin dış tabakasına "epiderm" denir. Bu katman su geçirmez olmamızı sağlayan hücrelerden oluşmaktadır ki bu durum mükemmel bir şeydir. Epiderm, su veya her gün temas ettiğimiz diğer sıvılar yüzünden vücudumuzun şişmemesini sağlar. Yine de epiderm bir miktar sıvı emilimine müsaade eder, tıbbi kremler ve merhemler bu sayede işe yarar. Su geçirmez olmamız, hassas iç organlarımızı koruyan muhteşem bir özelliktir. Epiderm tabakası sürekli olarak dökülür ve ayda bir veya iki kez tamamen yenilenir. İçerisinde, hücrelerin sıkışıp düz bir hâlde sertleşmesini sağlayarak el ve ayak tırnaklarını oluşturan bir protein vardır.

Epiderm aynı zamanda içinde cildimize rengini veren pigment olan "melanin" barındırır. Melanin, güneş ışığıyla cildimizin bronzlaşmasını sağlayan şeydir. Güneş ışığı ayrıca vücudun D vitamini üretmesini de sağlar, bu yüzden biraz güneşe maruz kalmak sağlıklıdır. Ancak hem doğal olarak hem de yapay olarak (solaryum gibi) fazla bronzlaşmak, ultraviyole (UV) radyasyonlarının güneş yanığı, erken yaşlanma ve cilt kanseri riskini arttırmasına sebep olur. Sonuç mu? Doğal ten renginle daha iyisin.

Herkes kendine özgü bir melanin seviyesine sahiptir, bu yüzden iki kardeşin bile ten rengi birbirinden biraz da olsa farklı olabilir. İnsanların, beyaza yakın açık ten renginden koyu kahverengi ten rengine kadar çok çeşitli ten renklerine sahip olabileceğini zaten biliyorsundur. Bu genetikle ve atalarımızın kökenlerinin yeryüzünde nereye ait olduğuyla ilgilidir. Daha önce değindiğimiz gibi, güneş ışığı vücudun D vitamini üretmesini sağlar ancak aşırı UV ışını vücuda zarar verebilir, bu yüzden farklı ten renkleri evrimin insanlar için tam bir dengede olduğunun göstergesidir. Güneş ışığının çok fazla olmadığı Kuzey Avrupa gibi soğuk yerlerde yaşayan eski insanların ten renkleri açıktı. Afrika, Orta Amerika ve Orta Doğu gibi özellikle ekvator çevresinde bulunan daha ılıman yerlerde ise insanların ten rengi daha koyudur. Ten rengindeki bu değişimler yüzlerce yıl sürdü ve insan ırkını çeşitli gruplara ayırdı. İçinde yaşadığın deriyle gurur duy. Ten rengin, mükemmel kalıtımının bir temsilcisidir.

Terini Tanı

Derimizin ikinci katmanının adı ise "dermis"tir. Hatırlarsan daha önce vücut kıllarından bahsetmiştik. Kıl kökleri dermisteki özel yapıların bir parçasıdır. Bu tabaka aynı zamanda sıcağı, soğuğu ve acıyı hissetmemizi sağlayan sinir uçlarını ve çok kurumasını önlemek için cildimizi kayganlaştırmaya yarayan yağı barındırır. Dermisin bir diğer işlevi ise eğer çok soğuksa, ısıyı hapsetmek için vücut kıllarını kaldırarak tüyleri ürpertmesidir. Eğer vücut çok ısınırsa dermisteki ter bezleri, derinin yüzeyinde sıvı oluşumunu sağlamak için harekete geçer. Ter dediğimiz bu sıvı, sonrasında vücudun soğuması için buharlaşır ve böylece fazla ısı vücuttan uzaklaşır.

Eller ve ayaklar vücudun en çok terleyen kısımları olsa da diğer yerlerinin de terlediğini fark edeceksin. En iyi bilinen yerlerden bir tanesi koltuk altlarıdır. Ergenlikle gelen bakteri koltuk altlarında hapsolur, bu yüzden vücut kokunu azaltmak için koltuk altlarında deodorant ya da ter önleyici kullanmanın faydasını göreceksin. Her sabah ve her banyodan sonra ince bir tabaka hâlinde sür. Kendi kokunu alamayabilirsin ama yapsan iyi olur. Hijyenin sosyal sağlığa da faydası var, dostum! Cildine zarar vermeyen, beğendiğin bir deodorant bul. Ebeveyninin belki bir önerisi olabilir.

Akne ve Diğer Cilt Durumları

Vücudunu yıkamak, birçok probleme fayda sağlayan kişisel temizliğin bir parçasıdır. Özellikle gün içerisinde terlediğini fark ettiğin bölgelerine odaklan. Terlemek, gözeneklerde iltihap oluşmasıyla meydana gelen aknelere neden olabilir. Muhtemelen duymuş olabileceğin diğer bir terim ise sivilcedir. Bazılarına beyaz nokta ya da siyah nokta denir. Bu tip aknelerin renkli uçları vardır. Akne ergenlikte oldukça yaygındır ancak her yaş grubunu etkileyebilir. Ergenlikte sivilceler yüzde, alında, göğüste, sırtta, omuzlarda ve hatta kalçada görülebilir. Hiçbir yer olağan dışı değil. Akne, çoğunlukla ergenlikteki hormon değişimlerinden dolayı oluşur. Genç erkeklerin çoğu bir noktada bu durumu yaşar, o yüzden sakın kirli ya da yağlı olduğunu düşünme. Ancak temizliğin faydası elbette olacaktır. Temizliğine özen göster, ihtiyaç duyarsan reçetesiz kremlerden kullan ve diğer akne tedavileri hakkındaki soruların için bir doktora veya cilt uzmanına danış.

Ergenlikte başka cilt durumları da oluşmaya başlayabilir. Aile üyelerinden ya da sınıf arkadaşlarından egzama, sedef hastalığı ya da dermatit gibi terimleri duymuşsundur. Bunların hepsi cilt yüzeyinin tahriş olmasına sebep olur. Bahsetmemiz gereken birkaç konu daha var. Bakterileri biliyorsun, hani şu küçük canlı organizma kolonisi. Ergenlikte dikkat edilmesi gereken başka mikroorganizmalar da var. Mikroskobik olsalar da gözle görülür problemlere yol açabilirler. Bu mikroorganizmalardan bir tanesinin adı mantardır. Ayak mantarı olarak bilinen bir ayak sorununa yol açabilir. Bulaşıcıdır ve herkes bunu kapabilir ancak sıklıkla aynı soyunma odasını kullanan sporcularda görülürler. Mantar enfeksiyonu, ciltte kaşıntı ve dökülmeye neden olur. Genellikle ayak parmakları arasında başlar ancak tırnakları ve ayak tabanlarını da etkileyebilir. Kolay tedavi edilebilirdir. Uygun ilaç eczanelerde bulunabilir. Ayak mantarından korunmak için ayaklarını temiz tut ve egzersiz yaptıktan hemen sonra terli çoraplarını ve ayakkabılarını çıkar.

Bahsetmemiz gereken son mikroorganizma tipi ise virüslerdir. Virüs, içinde yaşadığı vücudun hücrelerine bulaşan mikroskobik varlıklardır. Virüsler, ağız çevresinde kabarcık hâlinde görülen uçuk (herpes simplex virüsü) gibi rahatsızlıklara neden olur. Virüsler ayrıca ellerde, ayakta ve vücudun diğer kısımlarında siğillere (insan papilloma virüsü) de neden olur. Ayak mantarları da siğiller de birazcık rahatsız edicidir ve tedavi edilmeleri gerekir. Eğer bunlardan bir tanesi ortaya çıkarsa ailene haber ver ve tedavi için seni bir eczaneye ya da doktora götürmelerini iste. Virüsler bulaşıcıdır, bu yüzden her şeye dokunma çünkü yayılabilirler. Son bir önemli not: Genital bölgede olağan dışı bir şey oluşursa, en doğru bilgi için mutlaka doktorunla iletişime geç.

İşte cildinle alakalı bilmen gereken birkaç önemli husus bunlardı. Diğer organların gibi ona iyi bakarsan o da sana iyi bakar.

SAYILARIN GÜCÜ

12-24 yaşları arasındaki insanların yaklaşık yüzde 85'i akne problemi yaşıyor. Kusurlar söz konusu olduğunda çoğunlukla kendimize başkalarından daha fazla yükleniyoruz. Sivilcen çıkarsa olumlu düşünmeye devam et, başkaları onu fark etmemiş bile olabilir. Herkesin kendi derdi var! Diğer cilt durumları için de aynısı geçerli. Ergenlik çağının belli bir noktasında 10 genç erkekten bir tanesi mutlaka dermatit ya da benzeri diğer durumları yaşar.

Gözler ve Kulaklar

İnsan duyuları inanılmaz, değil mi? Bazen bu gerçeği görmezden geliyoruz. Duyularımız bize gerçeklik hakkında bilgi vermek için birlikte çalışırlar. Eğer görme, koklama, tatma, duyma, dokunma duyusunun yanında denge duyusu ve acı duyusu gibi daha pek çok karmaşık duyularının tamamına sahipsen, her birinin önemini zaten biliyorsun demektir. Özellikle bir şeyi hatırlamaya çalıştığında duyuların önemini daha çok anlıyorsun. Herhangi bir duyunu kaybettiysen ya da diğerlerinden farklı yeteneklerle doğduysan kesinlikle sahip olduklarınla gurur duymalısın. Çoğunlukla diğer duyuların daha güçlüdür. Duyularına özen göstermek de günlük hijyenine ve kişisel bakımına sarf ettiğin çaba gibi uzun vadede seni başarıya götürür. Sen mükemmel bir insansın. Hiçbir şeyin değerini hafife almazsan harika bir şekilde büyümeye devam edeceksin.

İlk başta ne var? Bakalım... Gözlerin! Görme yetin yıllık doktor randevunda ya da okulda veya her ikisinde de şüphesiz ki kontrol edilecek. Eğer gözlük ya da lens takıyorsan, zaten her sene kontrole gitmen gerektiğini biliyorsundur. Ergenlik çağın boyunca gideceğin kontroller görüş gücünle göz numaranın birbiriyle uyumlu olmasını sağlamaya devam edecek. Gereksiz masraflar yaratmamak için gözlüklerini veya lenslerini temiz ve güvende tut. Eğer hareketli biriysen, numaralı sporcu gözlüğü kullanmak bir seçenek olabilir. Bu gözlükler, egzersiz yaparken ya da maçtayken gözlerinin korunmasını ve gözlüğünün düşmemesini sağlayacaktır. Gözlük kullansan da kullanmasan da telefon, tablet, bilgisayar oyunu ve ekran karşısında yapılan diğer aktivitelere ara vermenin faydasını göreceksin. Kapkaranlık bir odada parlak ekran ışığına maruz kalmamaya özellikle dikkat et. (Muhtemelen bunu zaten biliyorsundur, sadece sana "göz" kulak olmaya çalışıyorum!)

Şu anda her neredeysen, dur ve dinle. Duyuyor musun? Duyuyorsan, kulaklarına teşekkür et! Sessizliğin farkında olmak bile işitme duyunun bir armağanıdır. Küçüklüğünden beri kulak enfeksiyonlarına yatkınlığın varsa ergenlik çağın boyunca temizliğine devam et. Enfeksiyonlar çok ağrılıdır. Banyoda saçlarını yıkarken kulaklarını da hızlıca bir sudan geçir. Dış kısmını ovala ve kulak memelerini yavaşça itip çekerek olabilecek kulak kirini hareket ettir. Kulak temizleme pamuklarını kullanırken çok dikkatli ol çünkü kulak zarına zarar verebilirsin. Mümkün olduğunca az ve kısık seste kulaklık kullan ve kesinlikle uyurken kulaklıklarını çıkar. Yalnızca bir saat kulaklık takmak, kulaklarındaki bakteri miktarını 700 kat arttırır! İğrenç, değil mi? Görme testleri ile birlikte işitme testleri de olacaksın, yani ele alınması gereken bir işitme problemin varsa okuldaki doktorun veya aile hekimin sana yol gösterebilir.

Ağız ve Daha Fazlası

Ergenlik boyunca ağzın meşgul bir yer olacak. Bebek dişleri olarak da adlandırdığımız kalan süt dişlerin düşecek. Kalıcı dişlerin yalnızca bir kez gelir, o yüzden onlara iyi bakarsan gülümsemen geleceğin kadar parlak olur. Bu yıllarda dişlerinde, diş etlerinde ve dilinde bulunan bakterilerde artış olur. Bu normaldir.

Bakterilerin bazıları zararlı olabilirken çoğu öyle değildir, hatta bazıları yararlıdır bile. Ancak bazı tip bakteriler ortadan kaldırılmazsa çoğalıp büyüyebilir. Bunlar, yemek parçacıklarıyla birleşerek plak adı verilen ince tabakayı oluştururlar. Plak, sertleşerek diş eti hastalığına sebep olan tartara dönüşebilir. Bu iyi değil. Plak, aynı zamanda çürüklere neden olan asidi üretmek için şekerle de birleşebilir. Diş eti hastalıklarından ve çürüklerden korunmak için plağı ortadan kaldırman gerekir. Bunu yapmanın yolu her gün dişlerini fırçalayıp diş ipiyle temizlemektir. Diş hekimleri dişlerini günde en az iki kez ve en az ikişer dakika süreyle fırçalaman gerektiğini söyler. Dişlerini fırçalamak dişlerinin arasındaki, diş etinin ya da diş tellerinin altındaki plakların tümünü temizlemez. (Diş telinden bahsetmişken, dişlerini temizlerken ve diş tellerinin bakımını yaparken diş hekiminin özel yönlendirmelerine uyduğundan emin ol.) Unutma, bu boşlukları günde en az bir kere diş ipiyle de temizlemen gerek. Bu alışkanlığı edinmekte zorlanıyorsan diş ipini diş fırçanın yanına koyarak küçük hatırlatmalarla başlayabilirsin. Diş bakımını sevmiyor musun? Biraz dişini sık, dostum. Bir süre sonra bu da hızlı bir hijyen alışkanlığı hâline gelecek.

Hazır bu konuya girmişken değişen vücudunu sağlıklı ve temiz tutmanın son bir yolundan daha bahsedelim. Ellerini yıka! Dokunma duyun, özellikle de ellerinle, yaşam deneyimlerin için oldukça önemli bir yere sahiptir. Artık bir çocuk değilsin, bu yüzden ellerini ağzından ve parmaklarını da burnundan uzak tut. Mikropları uzak tutmak için ellerini günde defalarca kez tam 30 saniye boyunca yıka. Henüz öğrenmediysen tırnaklarının kesilmiş ve pislikten arınmış olmasını sağlamak için tırnak makası kullanmayı öğren. Ve tırnaklarını yeme! Bu sadece görünüşten çok daha fazlası için önemli. Parmakların, az önce değindiğimiz akne, göz ve kulak enfeksiyonu ve diş sağlığını kontrol etmene yardımcı olacak.

GÖRÜNÜŞÜN VE SESİN ARTIK DAHA OLGUN

Ergenlik boyunca vücutta yaşanan değişimler, ikincil cinsiyet özellikleri olarak adlandırılan değişimleri de kapsar. Birincil cinsiyet özellikleri genital değişiklikleri (penis ve testisleri) kapsar. Bölüm 4'te bunları daha detaylı konuşacağız. Öte yandan ikincil cinsiyet özellikleri ise geriye kalan hemen hemen her şeyi kapsar.

Ergenlik sürecinde genç erkeklerde boy ve kilonun yanı sıra dışarıdan fark edilebilir iki diğer değişim ise kalınlaşan ses ve vücut kıllarının oluşmasıdır. Yüzün görülebilir ve sesin de duyulabilir olduğu için bunlardaki herhangi bir değişim diğerlerinin dikkatini çekebilir, bu yüzden birilerinin bunlar hakkında konuşmasına hazırlıklı olabilirsin. Ailen ve arkadaşların sana zarar vermek istemiyor, senin büyüdüğünü fark ediyorlar ve bunda hiçbir sorun yok. Önceki bölüme şunu aklımızda tutarak başladık ve sık sık tekrar edeceğiz: Değişim iyidir. Ve bilgi, güçtür.

Daha büyük göründüğün ve sesin olgunlaştığı için yüz kıllarıyla ve toplum içinde konuşmayla nasıl baş edeceğini merak ediyor olabilirsin. Bu bölümde, ergenlik yolculuğunda dış görünüşündeki değişimlerle öz güvenin arasındaki dengeyi kurarken vücudun hakkında bilmen gerekenlere değineceğiz.

TIRAŞ OLMAK YA DA OLMAMAK

Dış görünüşündeki değişimler farklı sıralamalarla meydana gelebilir ama bizim ilk odaklanacağımız şey yüz kılları olacak. Çocukluktan kalma kulaklarının yanındaki, dudaklarının üzerindeki ve hatta çenendeki ince tüyler kalınlaşmaya başlayacak. Ondan sonra yayılacak. Bazı erkeklerin kılları yüzünün her yerinde eşit olarak çıkar, bazılarınınsa öyle değildir. Bu, tamamlanması yıllar süren bir özelliktir. Yüzünde bölge bölge bir sürü kıl oluşacak. İlk önce bıyıklarının bir kısmı çıkabilir, favorilerin uzayabilir ya da çene ve boyun kılların oluşabilir. Kültüre ve dine bağlı olarak vücut kıllarını tıraş etmek bazı yerlerde hoş karşılanmayabilir. Ama yapmana müsaade edilirse ve bunu yapmaya teşvik ediliyorsan yüz kıllarına bakım yapmanın birçok yöntemi mevcut.

Yaygın inanışın aksine tıraş olmak kılların daha hızlı veya kalın çıkmasını sağlamaz. Ayrıca kılları daha hızlı çıkarmadığı için belirginleşene kadar tıraş olmak gereksizdir. Dikkatli ol! Tıraş bıçakları "jilet" gibi keskindir.

Tercihler, Tercihler

Birçok farklı tıraş bıçağı modeli ve birçok farklı marka var. Tüm ürünlerde olduğu gibi bu konuda da markalar kendi ürünlerinin en iyisi olduğuna dair reklamlar yaparlar ve ihtiyaç duyduğun ürünün o olduğunu söylerler. Tek bıçaktan beş bıçağa kadar birçok farklı model mevcuttur. Tıraş kremleri, tıraş jelleri ve tıraş sonrası losyonlar var. Hatta yüz kılları için küçük taraklar ve fırçalar bile var. Sonuç olarak her şey, senin için hangisinin işe yaradığıyla ilgili. Bilinen markaları denemeye değer çünkü aşağı yukarı piyasadaki geriye kalan markalar da aynı veya benzer hizmeti sunacaktır. Ayrıca babana, ağabeyine hatta arkadaşına onlarda neyin işe yaradığını sorup tavsiye isteyebilirsin. Ama sende gerçekten neyin işe yaradığını bulmak için birkaç farklı şey denemen gerekebilir.

Genellikle çift bıçaklı tıraş bıçakları başlangıç için yeterlidir ve iyi iş çıkarırlar. Yüzünde neyin işe yaradığından emin olmadan pahalı bir şey alma. Tıraş kremi bir nemlendiricidir, bu yüzden istersen bunlardan kullanabilir istersen de sıcak suyla tıraş olmayı tercih edebilirsin. Bazı erkekler lavabonun önünde tıraş kremi ve sıcak su kullanarak tıraş olur, bazılarıysa buharın gözeneklerini açması ve bıyıklarını aşağı doğru ıslatması için duş alırken tıraş olurlar. Her iki türlü de bir aynanın faydası olacaktır. Eğer banyoda tıraş olmayı tercih edersen banyo duvarına yapışan vakumlu aynalardan bile bulabilirsin.

Nasıl Tıraş Olurum?

Yüz kıllarının baktığı yöne dikkat et. Emin değilsen, yüzünün her kısmının üzerinde parmaklarını gezdir ve parmakların veya tırnakların üzerinde en az direnç gösteren yönü bulmaya çalış. İlk önce o yönde tıraş ol. Buna çıkış yönüne doğru tıraş olmak da denir.

Favorilerden boyna, burundan dudaklara, dudaklardan çeneye ve boyundan gömlek yakasına kadar yüzünün çoğu kısmında kıllar yukarıdan aşağıya doğru uzanır. Genellikle kıllar çenede ve boyunda yanlara doğru döner, bu yüzden çene kemiğinden kulaklara ve Âdem elmasından boğazının yanına olan bölgelerde çıkış yönünde tıraş olman gerektiği anlamına gelebilir.

Jel veya krem kullansan da mutlaka ilk önce yüzünü ıslat. Kuru tıraş olmak kılları çekip oldukça acıtacaktır. Ayrıca cildi de daha fazla tahriş edecektir. Tıraş etmen gereken alana tıraş kremini ince bir tabaka hâlinde uygula. (Kocaman, beyaz bir tıraş kremi sakalı yapma isteğini durdurmaya çalış. Pekâlâ, bir kereliğine deneyebilirsin.) Sadece sabun ve suyla tıraş oluyorsan önce yüzünü birkaç dakika ıslatmak isteyebilirsin. Bazı erkekler tıraştan önce ılık bir havluyu birkaç dakika yüzlerinde bekletmeyi tercih eder.

Yüzünü çizmeden kıllarını kesmen için bıçağa yeterince baskı uygula. Fazla nazik davranmak kılları tertemiz kesmek yerine çekecektir ve bu acı verir. Özellikle de kıl miktarı arttıkça veya son tıraşının üzerinden biraz zaman geçmişse yüzünün bazı kısımlarının üzerinden birkaç kez geçmen gerekebilir. Her geçişten önce tıraş bıçağının üzerinde kalan ince kılları suyla durulayarak ya da lavabonun kenarına hafifçe vurarak temizle. Bu, tıraş bıçağının yüzünde daha rahat kaymasını sağlar.

Yüz kıllarının yönünde tıraş olduktan sonra aynı bölgelerin üzerinden ters yönde de geçebilirsin. Bu, tıraş bıçağının sapını yukarı gelecek şekilde baş aşağı tutarak yukarı doğru tıraş olmak demektir. Böyle tıraş olmak kılları daha kısa kesmeni sağlar ama jilet yanığı oluşması ihtimalini arttırır. Bu, cildin ilk tabakasının altında kalarak içe doğru büyüyen kılların şişliklere sebep olduğu acılı bir tahriştir. Acılı olmalarının yanı sıra bu şişlikler daha çok sivilce gibi görünür ve kalıcı yara dokusuna dönüşebilir. Jilet yanığı oluşursa birkaç gün tıraş olma. Daha sonra yalnızca kılların çıkış yönünde tıraş ol ve yüzünün nasıl tepki gösterdiğini gözlemle. Tıraş yanığı özellikle buruşmanın ve katlanmanın daha fazla olduğu boyun bölgesinde yaygındır. Kremlerin faydası olabilir ama bu daha çok tıraş işlemiyle ilgilidir. Daha fazla tavsiyeye ihtiyacın olursa her zaman güvendiğin bir yetişkinden destek al.

Tıraş olmak için diğer bir seçenek de tıraş makineleridir. Bazıları makineden memnun kalırken bazılarında ise makinenin bıçakları tıraş yanığına daha fazla neden olur. Yine senin için hangisinin en iyisi olduğunu kişisel deneyimlerin belirleyecek ve eğer maddi olarak imkânın varsa farklı modellerde tıraş makineleri deneyebilirsin. Tereddüt ediyorsan basit bir tıraş bıçağı ve sıcak su başlangıç için mükemmeldir. Tıraş sonrasında düşünceli ol ve lavaboyu suyla durulayarak kestiğin kılları giderden akıt. Lavaboyu ya da banyoyu senden sonra kullanacak aile üyesi için temiz tut, böylelikle hem titizliğin hem de güzel tıraşın için sana iltifat edebilirler dostum.

SAYILARIN GÜCÜ

Gerçeklerle yüzleşelim: Genç erkeklerin ne zaman ve nasıl tıraş olmaya başlayacağı belirsizdir. Ortalama olarak 16 yaşından önce yeni yüz kılları çıkmaya başlar. Bazıları için bu, çok önemli bir olaydır. Bazıları içinse bunda pek de büyütülecek bir şey yoktur. Heyecanlanman, rahatsız olman ya da kayıtsız kalman normal. İşte ileride senin de yaşayacağın şeyleri zamanında yaşamış olan birkaç erkeğin tıraş anıları:

"Bütün arkadaşlarımın tıraş olduğunu ama bende tek bir yüz kılının bile çıkmadığını hatırlıyorum. Bir arkadaşım sakalımın çıkmasına yardımcı olması için tıraş olmamı önermişti. İşe yaramadı. Yirmili yaşlarımda yüz kıllarım çıkmaya başladı ve bundan hoşlanmadığımı fark ettim. Bu hiçbir şey için acele etmeye gerek olmadığının tam bir kanıtı."
- Karl C.

"Yüz kıllarım sınıf arkadaşlarımdan önce çıkmaya başladı. Bazı arkadaşlarım oldukça etkilenmişken bazıları da kesmem gerektiğini söylemişti. Yetiştirilme şeklimden ve ailemden dolayı 16 yaşına kadar tıraş olmadım. Ben de sınıf arkadaşlarım da buna alışmıştık. Bu, büyürken olduğum kişiliğin bir parçası hâline gelmişti."
- Sachin S.

"Pek kıllı biri değilim ve arkadaşlarım arasında en son tıraş olanlardan biri olabilirim. Şimdi bile favorilerimin ya da sakallarımın uzaması çok uzun zaman alıyor! Küçükken bu benim için bir sorun oluyordu ama şu anda herkesin farklı düzeyde kıllandığının farkındayım."
- Andy M.

GÖĞÜS KILLARI VE GÖĞÜSTEKİ DİĞER DEĞİŞİMLER

Satrancı illa ki duymuşsundur, değil mi? Pekâlâ, ergenlik de hareket eden birçok parçası bulunan bir satranç tahtasına benzer. Genç erkeklerde yüz kıllarının yanı sıra, göğüs çevresinde de başkaları tarafından fark edilebilen fiziksel değişimler meydana gelir. Gövdedeki kas yapısı, özellikle de üst göğüs kasları güçlenir ve büyür. Daha büyük göğsün yanı sıra, geniş omuzlara da hazırlıklı olabilirsin. Bu biraz zaman alacak, bu yüzden bir sabah uyandığında sihirli bir şekilde tek seferde 100 şınav çekebilmeyi bekleme. Göğüs kaslarının gücü ve büyüklüğü genetiğine göre değişir ama aktif olursan, sağlıklı beslenirsen ve yeterince uyursan vücudunun gelişmesine katkı sağlarsın. Egzersiz ve benzeri konulardan Bölüm 5'te uzun uzun bahsedeceğiz.

Bu Seni Adam Eder

Daha önce de bahsettiğimiz gibi vücut kılları hem daha belirgin görünecek hem de daha yoğun olacak. Büyük olasılıkla gövdende, çoğunlukla göğsünün ortasından başlayarak göğüs uçlarına ve göbek deliğine doğru yeni kıllar çıkacak. Tıpkı yüz kılları gibi, 16 yaş civarında göğüs kılların da belirginleşir ancak ergenlik çağının sonuna kadar, hatta 20'li yaşlara kadar tam hâlini almaz. "Bu seni adam eder." diye bir söz vardır. Bu, zor bir işin üstesinden gelmenin seni erkek yapacağına dair bir şakadır. Ancak gerçekte hayatta her cesur hareketinde ya da yeni bir şey denediğinde göğsünde yeni bir kıl çıkmaz. Fiziksel ve zihinsel olarak sağlam olmak iyi özelliklerdir ancak bir adam olmayı tanımlamaz. Bir beyefendi ya da yetişkin olmak aynı zamanda duygularınla uyum içerisinde olmak demektir. Duygulardan Bölüm 6'da daha çok bahsedeceğiz.

Yetişkinlikte bazı erkekler göğüs kıllarını tıraş ederken, bazıları ise olduğu gibi bırakır. Bu kişisel tercihe bağlıdır ve her iki türlü de temiz olabilirsin. Daha önce koltuk altı kıllarında bahsettiğimiz gibi, göğüs kıllarını yıkamak da kolaydır ve banyoda yapılabilir. Göğüs kıllarını tıraş ederken dikkatli ol çünkü tıpkı yüz kıllarındaki gibi gövdende de tahriş oluşabilir. Tıraş olduktan sonra vücut kıllarının daha kalın ya da daha uzun çıkmayacağını aklından çıkarma. Saçların aksine vücut kılları daha kısa çıkar ve buna kılın uzama sınırı deriz. Bu yüzden hayır; vücut kıllarını tıraş etmek kalınlığını, uzunluğunu, rengini ya da çıkma oranını değiştirmeyecek. Tabii ki bu tıraş olman gerektiği anlamına da gelmiyor. Senin bedenin, senin kararın.

Şey, Benim Neden Meme Uçlarım Var?

Şimdiye kadar ergenlikten geçen tek kişi olmadığını kesinlikle anlamışsındır. Büyüme yolculuğunun dümeninde yalnızca erkekler yok, kızlar da değişiyor. Aslında kızlar genellikle erkeklere kıyasla ergenliğe daha erken yaşta girerler. Bildiğimiz gibi herkes farklıdır, bu yüzden birkaç yıllık bu süreçte uzun boylu kızlar ve kısa boylu erkekler, kilolu erkekler ve zayıf kızlar gibi birçok değişkenlikle karşılaşabiliriz. Bazı değişimler cinsiyetimize özgüdür. Ancak bazı şeyler herkes için aynıdır ve bunun sebebi hepimizin insan olmasıdır. Anne rahminde her bebeğin (Doğumdan önceki hâline *fetüs* denir.) büyüme taslağı birbirine benzerdir, bu yüzden herkesin genetik kodu da benzer vücut yapısını barındırır. Buna bir örnek meme uçlarıdır! Erkeklerin genlerinde bebek taşımak ya da süt üretmek gibi özellikler yoktur, bu yüzden ergenlikte genç erkeklerin göğüs ve meme uçlarının gelişimi kızlarınkinden biraz daha farklıdır. Ancak yine de genç erkekler de göğüslerinde ve meme uçlarında bazı değişimler yaşar.

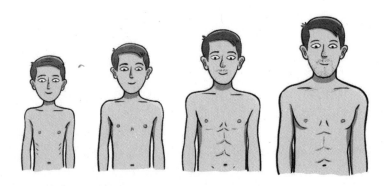

Ergenlik döneminde genç erkeklerin meme uçlarının ardındaki göğüs dokusu aylar veya yıllar içerisinde daha da sertleşip genişleyebilir. Bu durum, ergenlik sürecinde meme uçlarının hassas olmasına bile neden olabilir. Bu durumu anlatan terim *jinekomastidir* ve ergenlik boyunca meme uçlarının birinde ya da ikisinde birden görülmesi oldukça yaygındır. Jinekomastiye hormonal değişiklikler neden olur. (Testosteronu hatırlıyor musun? Pekâlâ, onun kimyasal kardeşi östrojen burada devreye giriyor.) Çoğu durumda şişkin meme dokusu tedaviye ihtiyaç olmadan yok olur ancak bu biraz zaman alabilir ve altı ay ile iki yıl arasında sürebilir. Bu süre boyunca göğüs ya da meme uçları fazla vücut yağından dolayı daha büyük görünebilir. Eğer bu seni endişelendiriyorsa aile hekimine başvur.

Kendi Kendine Muayene

Hazır farklılıklara bakıyorken *kendi kendine muayene* terimini de konuşmalıyız. Kendi kendine muayene, adından da anlaşıldığı gibi kendi vücudunu, özellikle de değişimleri, muayene etmektir. Bu kitabı seçmen akıllıcaydı çünkü ergenlikte yaşanan değişikliklerin hangilerinin normal ve doğal olduğunu bilmek önemlidir. Ayrıca sağlığı ve hastalıkları nasıl kontrol edeceğini bilmek de çok önemlidir. Bu; kalp ritmini takip etmek, dişlerini ve diş etlerini gözlemlemek ya da büyüyen lekeler veya sağlıksız döküntüler için cildini kontrol etmek gibi basit şeyler olabilir. Kendi kendine muayeneler, her gün banyodan önce veya sonra ya da temizlik rutinleri sırasında hızlıca yapılabilir. İşte sana kendine sorabileceğin bazı sorular: Sebepsiz yere ağrıyan bir yerim var mı? Rahatsız ya da olağan dışı bir şeyler hissediyor muyum?

Kendi kendine muayene konusunu Bölüm 4'te, ergenlikte bel altında oluşan değişimlerden ve testislerin sağlığını nasıl koruyacağımızdan bahsederken tekrar gündeme getireceğiz.

Sesteki Değişimler

Etraftaki insanların fark edebileceği değişimlerden bir diğeri de sesteki değişimdir. Sesin olgun çıkıyorsa genellikle olgun olarak görülürsün. Bu sinir bozucu ve rahatsız edici olabilir ama aynı zamanda cesaretlendirici ve heyecan verici de olabilir. Daha kalın bir sesle, gün geçtikçe daha bir delikanlı olarak kabul edilirsin. Ancak bu tam olarak olgun *hissettiğin* anlamına gelmez. Sırf olgun *görünmek* için kendini tamamen değiştirmen gerektiği anlamına da gelmez. Hâlâ çocukluktan kalma hobilerinden keyif alabilirsin, daha "yetişkin" hissetmek için en sevdiğin oyuncaklarını ya da eşyalarını atmana gerek yok. Eşyalar gelip geçer. Tüm bu süreçte sadece kendin ol. Hiç kimse sen olmadı ve hiç kimse sen olmayacak.

Sesteki değişimler ergenlikte kafa karışıklığına neden olabilir çünkü ince ve kalın ses arasında gelip gitmeler yaşanır. Haydi neleri beklemen gerektiğini bilmen için bazı şeyleri açıklığa kavuşturalım.

Âdemelması Nedir?

Gırtlakta, boğazın tam ortasında bulunan bir kıkırdak çıkıntısı vardır ve bu çıkıntı "âdemelmasını" oluşturur. Ergenlikte genç erkeklerin âdemelması da büyür çünkü gırtlak genişleyerek sesin kalınlaşması sağlar. Her ne kadar dilimizle, dudaklarımızla ve dişlerimizle kelimeleri oluştursak da çıkardığımız ses aslında ses tellerinin gerilip birbirine yaklaşmasıyla meydana gelir. Akciğerlerden gelen hava aralarından geçerek ses tellerini titretir ve ortaya sesimiz çıkar.

Orta Yerinden Çatlamak

Gırtlak ve onu saran doku geliştikçe, genç erkeklerin sesi kalınlaşıp incelebilir ve bu durum sesin çatlamasına neden olur. Genellikle 13 yaş civarında bu deneyimi yaşarsın. Gırtlak ise gelişmeye devam eder ve genellikle 16 yaşından itibaren genç erkekler yetişkinlik seslerine kavuşurlar. Bu süreçte kontrolün dışında oluşabilecek ses değişimlerine hazırlıklı ol. Şimdi sana önemli bir konuşma esnasında ya da spor, müzik veya diğer kulüp aktiviteleri gibi iletişim gerekliliklerinde sesindeki çatallanmayı kontrol etmek için birkaç fikir vereceğim. Öncelikle ısın! Bir süre sessiz kaldıktan sonra kurduğun ilk kelime beklenmedik bir şekilde ince tonda olabilir. Toplum önünde konuşmadan önce boğazını biraz temizle ve "hımm" gibi sesler yap.

Şarkı söylemek için ısınan bir şarkıcı gibi alt tondan başlayarak orta tona doğru yüksel. Bunu yapmak fazla zamanını almadığı gibi dikkatini de dağıtmaz, diğerleri fark etmeden birkaç saniyede yapabilirsin. Sesteki çatlakları azaltmanın bir diğer yolu ise konuşurken boğazından yeterince hava geçmesini sağlamaktır. Yüksek sesle ya da daha kalabalık dinleyicilerin önünde konuşurken biraz daha derin nefes al. Nefesi az aldığında seste çatlama daha fazla olur ve daha sessiz konuşursun.

Bu ipuçlarıyla bile sesinde hiç çatlama yaşamayacağının garantisi yok. Çatlama olursa bunun üstesinden gelmenin en iyi yolu ne mi? Espri anlayışı! Kendine gülmeyi öğren, olur da sesin çatlarsa utanma duygunu böylelikle hafifletebilirsin. Tüm ihtiyacın olan kendine gülüp, "Bunun için üzgünüm. Al bakalım bir tane daha!" demek. Durumu saklamaya çalışmak işe yaramayabilir, bu yüzden birkaç zekice espriyle herkese harika bir şekilde büyüdüğünü göster. "Ah dostum, orta yerimden çatladım galiba." ya da "Şimdi de çatlatan haberler!" demeyi deneyebilirsin. Eğer birileri sana bu konuda gerçekten kaba davranırsa, doğrudan ve nazik bir şekilde, "Hey, lütfen kibar ol. Yalnızca sesim değişiyor, hepsi bu." diye karşılık verip gülümseyerek yoluna devam edebilirsin.

Kulağa Hoş Gelmek

Sonunda sesin eşsiz olacak, tıpkı senin gibi. Konuşma şeklin dilinden, coğrafi bölgenden, ailenden ve arkadaşlarından etkilenecek ama ses tonun tamamen sana özgü olacak. Yüksek tonda da olabilir, düşük tonda da olabilir ya da kelimeleri telaffuz şekline bağlı olarak farklı ses aralıklarında da olabilir. Tarihteki büyük konuşmacıların pek çoğunun olağan dışı sesleri vardı ve birçoğu konuşma güçlüğü yaşıyordu. Önemli olan sesinle ne yaptığındır. Basit bir üslup değişikliği bile insanları övmene ya da yermene neden olabilir. Ergenlik dönemin boyunca bu hususu hiç unutma. Zihinsel ve sosyal açıdan sağlıklı bir gelişim göstermek de büyümenin bir parçasıdır. Ve endişelenme, Bölüm 6'da sıkıntılı olaylarla nasıl başa çıkacağından, kendi duygularını nasıl kontrol edeceğinden ve karşındakilere nasıl saygıyla karşılık vereceğinden bahsedeceğiz.

KEMER ALTI

Pekâlâ, dostum, *malum konulardan* bahsetmenin zamanı geldi. Bilirsin, kemer altındaki bölgeden. Ergenlikte boyunca "oralarda" meydana gelen değişimlerin bazılarından zaten bahsetmiştik ancak büyüme serüveninde sağlığını sürdürebilmek için bütün detayları bilmeyi hak ediyorsun. *Genital bölge* olarak bilinen dış üreme organları erkeklerde penisten, testislerden ve testis torbasından oluşur. Nazik ve net olabilmek adına argo kelimeler yerine bu terimleri kullanacağız.

Diğer insanlar tarafından gözlemlenebilen dış değişimlerin aksine genital değişiklikler kişisel ve özel olacak. Bunlar yalnızca senin tarafından gerçekten görülüp hissedilebilecek. Bir bakıma bu çok iyi! Her erkeğin üreme organlarının büyümesi konusunda mahremiyet hakkı vardır. Peniste, testislerde ve bunlarla ilişkili vücudun diğer bölümlerinde gelişen birincil cinsiyet özellikleri toplumsal bir mesele değildir. Tabii ki okulda veya evde bazı ergenlik konularına değinilebilir. Eğitim yönünden konuşmam gerekirse de gelişimin boyunca her şeyin gizli kalmasına gerek yoktur. Ancak yine de bazı kişisel sorularla baş başa kalmış olabilirsin. Bu kitabı bu yüzden aldın. Merak normaldir. Ve tekrar edelim: Bilgi, güçtür. Ergenlikteki değişimleri öğrenmek her zaman faydalıdır. Bu yüzden haydi yaygın sorularla ve önemli konu başlıklarıyla genital bölgenin derinliklerine dalalım.

AŞAĞIDAKİ KILLAR

Genital bölge kıllarına Bölüm 2'de kıl bakımından bahsederken biraz değinmiştik. Genital bölge kıllarının genlere bağlı olduğundan ve kaşların ya da koltuk altı kıllarınla aynı renkte olduğunu söylemiştik. Rengi, tipi veya miktarı ne olursa olsun genital bölge kıllarını temiz ve bakımlı tutman yetişkinliğinde de sana fayda sağlayacak. Ergenlikteki diğer her şey gibi genital bölge kıllarının oluşumu herkeste farklıdır. Kasık bölgesi, göbek deliğin ile penisinin arasındaki kısımdır. Kasıklarının yanlarında, baldırının iç kıvrımına doğru ince kılların oluştuğunu ya da belki penisinin altında, vücuduna doğru sert kılların oluştuğunu görmeye başlamışsındır. Ayrıca testislerinin içinde bulunduğu deri kesesi olan testis torbasının üzerine yayılan seyrek kılları da göreceksin. Genital bölge kılları 12 yaş civarında belirginleşmeye başlayıp 17 veya 18 yaşında kadar artmaya devam edecek. Testislerin altında, kalçanın üstünde ve altında ve kuyruk sokumunun üzerinde biraz kıl olması yetişkinlikte oldukça yaygındır.

  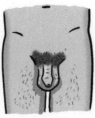 

Banyoda diğer vücut kıllarını yıkarken genital bölge kıllarını da yıkayarak temiz tut. Genital bölge kılları genellikle kıvrımlıdır (çoğunlukla ırka ve kalıtıma bağlı olarak) ve diğer vücut kıllarına kıyasla cildine daha yakındır, bu yüzden sabunun ya da şampuanın cildine kadar ulaştığına emin ol.

İyi temizlenmek bakterileri en aza indirecektir ve bu da kötü kokuyu önler. Temizlik aynı zamanda kaşıntıya neden olan gözeneklerdeki tahrişi de azaltır. Bu tahriş için kullanılan terim "kasık mantarı"dır. Kasık mantarına, isminde de geçtiği üzere mantar sebep olur. Çoğunlukla sporcularda görülür çünkü mantar sıcak yerlerde çoğalır. Dar kıyafetlerle sarılmış nemli ve terli bir cilt, mantarın üremesi için mükemmel ortamı oluşturur. Kasık mantarının yaygın belirtilerinden bir tanesi genital bölgede, baldırların iç kısmında ve hatta popo çatalındaki kaşıntı yapan tahriştir. Genital bölge kıllarını düzenli olarak temizlemek, tahriş riskini önemli oranda azaltacaktır.

Tıpkı göğüs kıllarında olduğu gibi, genital bölge kıllarının bakımı için de kimi insanlar kılları tıraş ederken kimisi de olduğu gibi bırakır. Bu durum, bazı zorunlu gereklilikler olmadığı sürece genellikle kişisel tercihe bağlıdır. Eğer genital bölge kılları çok uzarsa ve iç çamaşırına takılıp rahatsız ederse, vücut kılına özel küçük makaslarla kesmek kılları kısaltacak ve işini görecektir. Öte yandan tıraş olurken çok dikkatli olmalısın çünkü tıraş sonrası yanma kasık bölgesinde çok daha olasıdır. İç çamaşırı lastiğinin baskı uyguladığı yerde, bacaklarının gövdenle birleştiği noktada veya testis torbasının temas ettiği deride; yani kısaca derinin başka bir şeyle ya da derinin deriyle sürtündüğü bölgelerde kolayca tahriş oluşabilir.

GENİTAL BÖLGEDEKİ DEĞİŞİMLER

Üreme organları, ergenliğin başlarında biraz büyüyecektir ancak bu büyüme gözle fark edilmeyebilir. Değişimler 13 veya 14 yaşlarında gözle görülür olacaktır. Ancak 18 yaşından sonra işler biraz yavaşlayabilir. İlk önce testisler büyüyecek. Testislerin tam olarak "top" olmadığını unutma, daha çok oval şekildeler.

Testisler, ergenlik başladığında hormonların tetiklenmesiyle ana işlevlerini yerine getirmeye başlar. Testisler, erkeklerin DNA'sını barındıran mikroskobik hücreler olan spermleri üretmekle sorumludur. Bölüm 1'de DNA'dan bahsedeceğimizi söylemiştik. DNA, seni sen yapan genetik kodları taşır. Sperm hücrelerinin amacı üremeye katkı sağlamaktır ki bunu ilerleyen sayfalarda biraz daha detaylandıracağız. Testislerde, üst kısmında olgun spermlerin tutulduğu "epididim" adı verilen bir oluşum ve vücudunun içine doğru ilerleyen küçük bağlantı tüpleri bulunur. Testisler her zaman çok hassas olacak, bu yüzden bu ufaklıklara iyi bak. Nasıl olacağını ilerleyen bölümlerde konuşacağız.

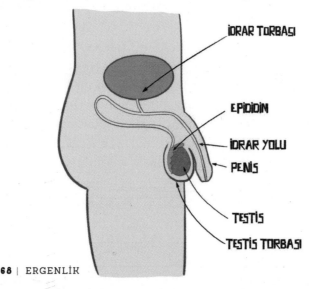

İDRAR TORBASI

EPİDİDİM

İDRAR YOLU

PENİS

TESTİS

TESTİS TORBASI

Erkeklerde testislerin korunması için tasarlanmış testis torbası adı verilen bir bölge vardır. Testis torbası, testisleri ve tüm bağlantılı kısımları içinde barındırır. Bu deri, 13 veya 14 yaşından itibaren genişleyip kalınlaşacaktır, ayrıca genital bölgenin rengi zamanla koyulaşabilir. Sperm hücreleri, düzgün bir şekilde gelişebilmek için belirli bir sıcaklığa ihtiyaç duyar. İnsan vücudu sıcaklığının ortalama 37 derece olduğunu zaten biliyorsundur. Ancak sperm üretimi için ihtiyaç duyulan sıcaklık normal vücut sıcaklığından yaklaşık 4 derece daha azdır. Bu nedenle kadınlarda hücre üretimi için var olan iç organların aksine testisler dışarıdadır. Testis torbasının derisi, ısınmak amacıyla sıkılaşarak testisleri vücuda yaklaştırabilir veya serinlemek için gevşeyerek testisleri vücuttan uzaklaştırabilir. Bu, insan bilimidir ve bunların tümünü düşünmene gerek kalmaz, vücudun kendi kendine yapar. Bunu soğuk bir yüzme havuzuna atladığında ya da sıcak bir yaz gününde güneşlenirken belki biraz hissetmişsindir. Yine de bunu kendine sakla. Doğanın bu mucizesini herkese duyurmaya gerek yok.

Testislerin ve testis torbasının büyümesinin ardından penis de uzayıp tam bir boyut (kalınlık) kazanacak. Testislerle benzer bir şekilde penis de 12 veya 13 yaşlarında fark edilir derecede olgunlaşacak ve 17-18 yaşlarında tam olgunluğuna ulaşacak. Ergenlikte genç erkekler arasında belki de en yaygın olan soru şudur: "Ben normal miyim?" Tıpkı boy, ses veya vücut kıllarında duyulduğu gibi penis boyutunda da endişeler duyulabilir. Ergenlikteki değişimlerin genç erkekler arasında değişiklik gösterebileceğini unutma, her şey işlevini yerine getirdiği sürece büyümenin gayet yolunda gittiği konusunda için rahat olsun. Bu bölümün ilerleyen kısımlarında penis hakkındaki diğer detaylardan bahsedildi.

Boxer mı Külot mu?

"Hangi iç çamaşırını giymeliyim?" Ne kadar da yaygın bir soru! Bunu sorman kendini ve sağlığını önemsediğin anlamına gelir. Hızlı bir cevap mı istiyorsun? Senin tercihin. Boxerlar daha bol ve şort gibi üzerine otururken külotlar bacakları lastikle sıkıca sarar. Genellikle genç erkeklere çocukluklarında külot giydirilir ancak ergenlik dönemine geldiklerinde kendi tercihlerini kendileri yapabilirler. Her zamanki gibi seçenekleri dene ve sana uygun olanı bul. İkisinin de tam ortasında tuvalet ihtiyacı için delik olabilir. Sana uyacak bir marka ve beden bulmalısın. Penis hassastır, bu yüzden iç çamaşırı onu pantolon gibi sert materyallere sürtünerek tahriş olmasından korur.

Daha detaylı cevap istiyorsan testislerinin sağlığı için boxer daha uygundur diyebilirim. Sperm hücrelerinin gelişmek için belirli bir sıcaklığa ihtiyacı olduğundan bahsetmiştik. Üremeyi bekleyen yetişkin bir erkeğin sperm sayısı bir bebek sahibi olması ihtimalinden dolayı artmaktadır. Dar bir iç çamaşırı giyerse bir erkeğin testisleri fazla ısınabilir. Eğer testisler olması gerekenden birkaç derece daha sıcak olursa yeterince olgun sperm üreyemez ve bu da düşük sperm sayısına neden olur. Boxerlar, testis torbasının işini yapmasına izin verir.

Bu, tercihini hemen şimdi değiştirmen gerektiği anlamına gelmiyor. Sonuçta sana bağlı bir durum. Ancak her zaman gelecekteki sağlığını göz önünde bulundurman gerek. Eğer külot kullanan bir genç adamsan testislerinin hava alabilmesi için yeterli alanı olduğundan emin olmalısın. Bu da evdeyken, boş vakit geçirirken ya da gece, bol kıyafetler giymen anlamına geliyor.

KASIK KORUYUCU KULLANMALI MIYIM?

Eğer bir sporcuysan hem antrenman hem de maç esnasında kullanabileceğin pek çok seçenek olduğunu fark edeceksin. Koşarken, zıplarken veya sporuna ait diğer hareketleri yaparken bir şeylerin hoplayıp durmasını istemezsin. Kasık koruyucular artık biraz eskide kaldı. Eski tasarımların her zaman önünde destekleyicisi bulunurken arkası tamamen açık olurdu. Şimdi ise yeni tasarımlar sayesinde sporuna göre koruyucu takabildiğin sporcu boxerları bulunuyor. Bunlar daha rahat oluyor ve teri vücuttan emerek sporcunun daha kuru hissetmesini sağlıyor. Bazı sporcu çamaşırları mikropları uzak tutmak için antimikrobik materyaller içerebiliyor. Yoğun hareket süresince sporcu çamaşırı kullanmak testislerin için oldukça rahat ve mantıklıdır. Uzun vadeli sağlığın adına şimdiden kendini koru.

Ereksiyon Nedir?

Ergenlik boyunca daha fazla ereksiyon veya ereksiyonun farklı aşamalarını yaşayabilirsin. Ereksiyon, penisin kan dolması sonucu sertleşip vücuttan dışa ve yukarı doğru dikleşmesidir. Gevşemiş, "yumuşak" aşama; *iradesiz* penis olarak bilinir. Uyarılmış ya da uyandırılmış olan hareketli aşama ise *erekte* penistir. Ereksiyonlar normaldir ve hormonların vücudun büyümesine yardım etmesi dışında hiçbir sebep olmadan gerçekleşebilir. Ereksiyonlar, birinden etkilendiğini hissettiğinde veya cinsel bir konu hakkında düşündüğünde gerçekleşebilir. Ereksiyonlar sağlıklıdır ancak bu onların daima zamanlı meydana geleceği anlamına gelmez.

İradesiz penis, günün büyük çoğunluğunda bulunduğu aşamadır. Bununla birlikte ereksiyon sebepsiz yere meydana gelebilir. Bu her ne kadar doğal olsa da ereksiyon bazen bir sorun olabilir çünkü toplum içerisinde fark edilmesi istenilen bir şey değildir. Toplum içerisinde ereksiyonla baş etmenin yöntemleri: 1) Okulda ya da evde elindeki işe tekrar odaklanmaya çalış. 2) Penisini hızlıca ve gizlice yukarı çekerek kıyafetinin kemer çizgisine doğru yerleştir. 3) Durumu sakinleştirmek adına tuvalete gitmenin bir yolunu bul.

Ereksiyonlar çoğunlukla birkaç dakika içinde kaybolur, yani sadece beklemede kalmak gerekebilir. Oturma pozisyonundan ayağa kalkmak, durumu başkaları tarafından daha fark edilebilir yapabilir.

Ereksiyon, ergenlik sürecinde ve yetişkinlikte geceleri muhakkak olacaktır. Bu sağlıklıdır ve aslında uyku döngünün bir parçasıdır çünkü derin uykuda ve uyku evrelerinde vücudunda ve genital bölgede kan akışı azalıp artar. Uyurken ereksiyon olması için genç bir erkeğin illa cinsel içerikli bir rüya görmesine gerek yok, ancak cinsellikle bağlantılı rüyaların görülmesinin ereksiyon üzerinde etkisi vardır. Gece uykusunda vücut, içerisinde sperm hücreleri bulunan "meni" sıvısını dökebilir, buna gece emisyonu denir. Halk arasında uykuda boşalma olarak bilinir. Bu, vücudunun testosteron hormonunun yükselmesiyle baş etme şeklidir. Uykuda boşalma sağlıklı ve normaldir ancak her vücutta değişkenlik gösterebilir. Bazı erkekler her hafta veya iki haftada bir bu durumu yaşarken bazıları ergenlik boyunca yalnızca birkaç kez yaşayabilir.

Meni beyaz, idrardan daha kıvamlı ve saydamımsı bir sıvıdır. Sperm hücrelerini canlı tutmak için protein yönünden zengin bir karışımdır. Meni, *ejekülasyon (boşalma)* denen atımın bir dalgası olarak toplamda neredeyse bir çay kaşığı kadar olan küçük miktarlarda gelir. Erkeklerde ejekülasyon, zevk veren bir histir ve orgazm olarak da adlandırılır.

Tüm bunlar kulağa kafa karıştırıcı gelse de bu vücut işlevlerinin kendi kendine gerçekleşebildiğini bilmek harika bir haber. Her ne kadar meni, idrarın da çıktığı ve idrar yolu olarak adlandırılan aynı tüpten çıksa da vücut bilimi öyle bir şey ki senin düşünmene gerek kalmadan valf denen küçük kapılarla durumu hallediyor. Aynı anda hem idrar hem de ejekülasyon gerçekleşemez.

Kasti olarak ereksiyon olup boşalmaya mastürbasyon denir. Mastürbasyon yalnızken ve mahrem olarak yapılır. Yetişkinliğe kadar vücudunu tanıman için sağlıklı bir yöntemdir. Mastürbasyonun zararlı bir yanı yoktur ancak kişisel ya da dini inanışların çekinmene veya yapmamayı tercih etmene sebep olabilir. Eğer mastürbasyon yaparsan bunu yalnızken yap, cildine ve aşağıdaki dokuya dikkat et ve sakın sosyal, akademik ya da hayatındaki diğer aktivitelere engel olmasına izin verme. Sağlıklı yaşam dengesini her zaman sürdür.

Sünnet

İnsanlar arasında farklılıklar olduğu gibi doğal olarak anatomide de farklılıklar olacaktır. Bu da her genç erkeğin üreme organının küçük değişikliklerle birbirlerinden farklılık gösterebileceği anlamına gelir. *Sünnet derisi,* yani penisin gövdesinin üst kısmındaki ucun veya kafanın üzerindeki deri, bazen cerrahi olarak alınır. Kültüre ve dine bağlı olarak doğumda veya doğumdan birkaç sene sonra bile yapılabilir. Buna *sünnet* denir. Her erkek sünnet derisiyle doğar ve sünnet olsan da olmasan da temiz ve sağlıklı olabilirsin.

Eğer sünnet olmamışsan ve penisinin başını saran derin varsa banyodayken deriyi nazikçe çekerek altta kalan bölgeleri temizlediğinden emin ol. Eğer sünnet olmuşsan penisinin başı her zaman dışarıda olacaktır ama yine de o bölgeyi ve çevresini her gün temizle. Özellikle de idrarının çıktığı küçük delik olan idrar yolunun hassas olmasından dolayı çok fazla sabunla temas ettirmekten kaçın ve güzelce durula. İdrar yoluna sabunun temas etmesi idrarını yaparken yanma hissine neden olur.

Eğer idrar yoluna sabun teması olmadığı hâlde idrarını yaparken ya da her zaman yanma hissi varsa doktor randevusu almak için mutlaka ebeveynine danış. Virüsler ve bakteriler sebebiyle enfeksiyon oluşabilir ve aşağıda her şeyin yolunda olduğundan emin olmalısın.

Üreme

Üreme, organizmaların kendilerinden daha fazla yapması sürecidir. Bu, bir erkek ve bir kadının yeni bir canlı yaratma eylemidir. Ergenlik, erkeklerin üreme yetisini kazandığı zamandır. Penis ve testisler ergenliğin sonuna kadar olgunlaşmaya devam etse de erkeklerin organları ergenliğin başlamasından itibaren üreme işlevi görür. Bu da sperm hücreleri üretilmeye başladığında erkeklerin üreyebilmesi anlamına gelir. Ergenlik çağında üreme mümkün olsa da bu, genç bir erkeğin henüz kendi çocuğu olmasına hazır olduğu anlamına gelmez, özellikle de zihnen ve sosyal açıdan.

İlişkilerde, cinsel aktivitelerde veya iki insanın yakın, mahrem ve çıplak temas hâlinde olduğu *seks* söz konusu olduğunda her zaman akıllıca tercihler yapılması gerekir. Dâhil olan cinsiyete ve bireylere bağlı olarak değişen farklı cinsel ilişki türleri var. Heteroseksüel ilişki, bir erkeğin erekte olmuş penisinin bir kadının vajinasına girmesi anlamına gelir. Üreme bu şekilde olur. Meni bir kadının vücuduna bırakıldığında sperm hücreleri yumurtaya ya da yumurta hücrelerine yerleşip içine girerek döllenmek için (diğer adıyla hamilelik için) büyük gruplar hâlinde çalışır. Bu küçük kurbağa yavrularına benzer yüzücülerin hareket etmek için uzun kuyrukları ve yumurtayı bulmak için burunlarında alıcıları vardır. Erkekten çıkan her sperm, yeni canlının DNA koduyla birlikte erkeğin kromozomlarının yarısını taşır. Bebek, bu DNA kodunu anne rahminde hücreleri çoğalırken kopyalar.

Ereksiyonlar ve gece emisyonları, genç bir erkeğin ergenlik sürecinin sağlıklı bir parçasıdır çünkü bu vücudunun geleceğe hazırlandığını gösterir. Üreme sisteminin sağlığına şimdiden dikkat et ve cinsel tercihlerinde temkinli ol, böylece yetişkinliğinde kendi aileni kurma seçeneğin olsun.

İLGİNÇ GERÇEKLER

Spermlerin insan vücudundaki en küçük hücreler olduğunu biliyor muydun? Spermin uzunluğu yaklaşık 50 mikrondur. Mikron, mikrometrenin kısaltmasıdır ve bir metrenin milyonda biridir. Bir sperm hücresinin uzunluğunun büyük bir kısmı kuyruktan oluşur, spermin kafası yalnızca 5 mikron genişliğindedir. Sağlıklı bir yetişkin erkekte ejekülasyon esnasında 50 milyon ile 1 milyar arasında sperm çıkar. Ancak bu hücreler o kadar küçüktür ki bir çay kaşığına sığabilir.

Güvende Kalmak ve Kendi Kendine Muayeneler

Erkek üreme organları, bir erkek vücudunun en hassas bölgesi olarak kabul edilir. Çok fazla sinir ucu vardır, bu yüzden hem testisler hem de penis herhangi bir çarpmaya ya da vurmaya karşı çok duyarlıdır. Acıyı ortaya çıkarmak çok da zor değil. Üreme organlarına darbe alırsan kendine gelmen için zamana ihtiyacın olacak. Geçmeyen bir ağrı, olağan dışı şişkinlik ya da kanama veya berelenme olursa hemen bir acil servise git. Bu yüzden genç erkeklerin birbirlerinin kasıklarına vurup tekme atarak şakalaşması hiç de iyi bir fikir değildir. Kendine duyduğun kadar diğerlerine de saygı duy. Genital bölgeye darbe, fiziksel tehditte son çaredir. Aksi takdirde üreme sistemine hasar vermeyi düşünmeden arkadaşlığını ve mizahını göstermenin daha iyi yollarını bulmalısın. Herkes bundan memnun olacak.

Kendine kendine muayeneler, kendi bedenini tanımak ve hastalık riskini azaltmak için sağlıklı bir yöntemdir. Bulaşıcı hastalıklar, cinsel ilişkiyle geçen enfeksiyonları da içerisinde bulunduran temas ile bulaşan hastalıklardır. Kendinin ve yaptığın seçimlerin farkında olarak değişimleri gözlemlemen ikisinden de korunmana yardımcı olur. Testis bölgesi ile ilgili sorunlar kendi kendine yapacağın muayenelerle kolayca tespit edilebilir. Bunun için aşağıdaki adımları izleyebilirsin. En verimli sonucu ılık bir banyo esnasında ya da sonrasında alabilirsin.

ADIM 1: İki elini de kullanarak her seferinde bir testisini kavrayarak tut.

ADIM 2: Testisini, hafifçe baskı uygulayarak baş parmakların ve işaret parmaklarının arasında nazikçe yuvarla.

ADIM 3: Testisinde epididim kısmı ve arkasında bağlantı tüpü olduğunu aklından çıkarma.

ADIM 4: Herhangi bir yumru, boyutta değişim ya da olağan dışı bir şey olup olmadığını kontrol et.

Bu bölümün büyük bir kısmında mahrem konulara değinmiş olsak bile genital sağlığınla ilgili herhangi bir endişen olursa sakın bekleme ya da bunu bir sır olarak saklama, hemen güvendiğin bir yetişkine ulaş. Bunu nasıl yapacağından Bölüm 7'de bahsedeceğiz.

BESLENMEK VE VÜCUDUNA GEREKLİ YAKITI SAĞLAMAK

Şu ana kadar ergenlik döneminde vücudunda meydana gelen tüm temel değişimlere değindik. İnsan bedeninin gelişimi ve çocukluk çağından yetişkinliğe geçişi oldukça inanılmaz. Sen harika birisin, dostum. Senin müdahalene gerek kalmadan pek çok ergenlik değişimi meydana gelirken senin de yapabileceğin ve bu konuda yardımı olabilecek birkaç şey var. Tüm bu süreçte genç bir erkeğin sağlıklı kalmasını sağlayacak üç temel şeyi bilmeyi hak ediyorsun. Bunlar beslenme, egzersiz ve uykudur. Gizemli şeyler değiller ancak zaman zaman ihmal edilebiliyorlar. Pekâlâ, sağlığın bu üç silahşorları hakkında bilmen gereken detaylar neler mi? Bu bölümde, iyi hissetmenin ve ergenlik serüveninde kendinden emin olmanın yollarından bahsedeceğiz.

BESLENME

İnsan bedeni sorunsuz işleyen bir makine gibidir, dostum. Sen yüksek performanslı bir spor arabasın. Otomatik vitesli turbo motorun var. Birinci sınıf bir navigasyon sistemin var. Otomatik kliman, güvenlik özelliklerin ve hız kontrolün var. Ayrıca iyi görünüyorsun. Ama işte en iyi kısımlardan biri: Tüm bu avantajlara rağmen hâlâ olağanüstü bir yakıt verimliliğin var.

Bu, eğlenceli bir benzetmeden daha fazlası. Tıpkı herhangi bir motorun veya makinenin yakıta ihtiyacı olması gibi vücudunun da besine ihtiyacı var. İyi hissetmek ve düzgün çalışabilmek için hafta boyunca doğru bir şekilde ve düzenli olarak yakıt doldurmalıyız. Beslenmen de işte o yakıttır. Basitçe açıklamak gerekirse beslenme, yediğin yemektir.

Yani, günden güne yediğin yedikler. Belirli bir beslenme düzenine sahip olmak, öğünlerde daha az yiyerek ya da daha az kalori tüketerek yemeğini kısıtlamak değildir. Dengeli bir beslenme düzeni, yemek konusunda yaptığın seçimler ve yakıt olarak vücuduna aldığın şeyler anlamına gelir.

Çoğunlukla hayatına giren çıkan yiyeceklerde son söz ebeveyninindir. Kendi öğünlerini kendin hazırlamıyor olabilirsin ancak alışveriş listesine öneriler ekleme ya da farklı şekillerde yardım etme şansın var. Eğer şimdi dikkat edersen beslenme alışkanlığından tamamen sen sorumlu olduğun zaman bilgili ve hazırlıklı olursun.

Kaloriler ve Besinler

Kalori, yiyeceğin içerisindeki enerji birimidir. Kalorileri, insan yakıtına verilen isim olarak düşün. Besinler, gelişmemiz ve hayatta kalmamız için ihtiyaç duyduğumuz yiyeceklerin içeriğidir. Kalori, makro besin denilen üç temel besinden sağlanır: karbonhidratlar, proteinler ve yağlar. Karbonhidratlar, yiyecekteki şeker ve nişastaları da içerisinde barındırır ve temel işlevleri vücuda enerji vermektir. Karbonhidratlar aynı zamanda beynin ve sindirim sisteminin düzenli çalışmasını sağlar. Her bir gram karbonhidrat bize dört kalori verir.

Proteinler, amino asit denilen yapı taşlarından meydana gelir ve hücrelerin, dokuların ve organların yapısını ve bakımını sağlar. Proteinler ayrıca kaslarımıza, kanımıza ve bağışıklık sistemimize de yardımcı olur. Her bir gram protein de bize dört kalori verir.

Yağlar genellikle kötü bir üne sahiptir ancak yiyeceklerde vücudumuzun her gün ihtiyaç duyduğu sayısız sağlıklı yağ mevcuttur. Yağlar hücre gelişimini, vücut sıcaklığını, vitamin emilimini ve kalp sağlığını desteklemeye yarar. Her bir gram yağ bize dokuz kalori verir ve bu da yağları mükemmel bir enerji kaynağı yapar.

Karbonhidratlar, proteinler ve yağlar bize kalori sağlayan makro besinlerdir ve bunların yanında vitaminlerin, minerallerin ve hayati öneme sahip suyun yardımıyla günlük görevimizi tamamlarız. Bu sayede uzun ve sağlıklı yaşarız. Alışkanlıklar, düzenli olarak tekrarlanan hareketlerdir. Şimdi sağlıklı gıda tüketimine vakit ayırmak, ergenlik çağında ve hayatının geri kalanında sağlıklı kalmanı kolaylaştıracak. Büyümenin bir kısmı öz saygı edinip onu korumaktır ve öz saygının büyük bir kısmı da vücuduna iyi bakmaktır. Buna besin olarak ne aldığını bilmek ve buna özen göstermek de dâhil.

Rengârenk Bir Tabak

Devletin ve önde gelen beslenme kuruluşlarının sağlıklı beslenme için önerileri mevcut. Sağlığa yararlı besinler tüketmek yemek yemeyi sıkıcı hâle getirmez. Aslında tam tersi, sağlığa yararlı besinler iyi hissetmemize ve en iyi şekilde faaliyet göstermemize yardımcı olur.

Her şeyden önce, herhangi bir yiyeceğe olan alerjini veya vejetaryenlik ya da veganlık (et ve/veya diğer hayvansal ürünleri tüketmemek) gibi diğer beslenme gerekliliklerini her zaman göz önünde bulundur. Doktorların ve beslenme uzmanlarının önerileri kişisel inanışlar ve diğer ihtiyaçlar çerçevesinde alınmalıdır. Bunu yaptıktan sonra keyif aldığın yiyecek türlerini bul. Sağlığa yararlı bir biçimde beslenmek, kendimizi nefret ettiğimiz gıdaları tüketmeye zorlamak ya da tatsız ve sıkıcı yemeklerle acı çektirmek anlamına gelmez. Yemek lezzetli olurken aynı zamanda bizim için faydalı da olabilir.

Beden ölçüleri ve kaloriler gibi sayılara hapsolmak yerine, yemek çeşitliliği "rengârenk bir tabakla" sağlanabilir. İlk hedefimiz her öğünün yarısını meyve ve sebzeden oluşturmaya çalışmaktır. İkinci hedef ise tam buğday ekmeği, buğday makarnası, buğday lavaşı ve esmer pirinç gibi yiyecekleri tercih ederek tam tahıl tüketmektir.

İşte sana rengârenk bir tabağın neye benzediğine dair birkaç temel ipucu:

KIRMIZI yiyecekler kalbe, cilde ve bağışıklık sistemine faydalıdır. Örneğin; elma, kapya biber, karpuz, domates ve çilek.

TURUNCU yiyecekler gözlere, bağışıklık sistemine ve dolaşım sistemine faydalıdır. Örneğin; portakal, havuç, şeftali ve kavun.

SARI yiyecekler hücre gelişimine, görüş yetisine ve kalp sağlığına faydalıdır. Örneğin; limon, mısır, ananas ve mango.

YEŞİL yiyecekler kemik sağlığına, bağışıklık sistemine ve üreme sistemine faydalıdır. Örneğin; ıspanak, avokado, brokoli, kabak, marul ve taze fasulye.

MAVİ VE MOR yiyecekler doku yenilenmesine, dolaşım sistemine ve hastalık kontrolüne faydalıdır. Örneğin; yaban mersini, mor lahana, mürdüm eriği, böğürtlen ve patlıcan.

DİĞERLERİ eğer sindirebiliyorsan küçük miktarlarda süt, yoğurt ve peynir gibi süt ürünleri. İnek sütüne alternatif olarak bazı insanlar badem sütünü de tercih ediyor. Süt ürünü çeşitlerini ve/veya alternatiflerini ilave şekeri az olanlardan tercih et.

Fazla Şekerli ve Tuzlu

Şekerin tadını hepimiz biliyoruz. Çok güzel, değil mi? Haklısın. Ve tuz da oldukça lezzetli. Ama sen de kırmızı solucan jelibonlardan, turuncu peynir toplarından, sarı patates kızartmasından ve mavi şekerlemelerden de rengârenk bir tabak yapılabilip hepsinin yeşil bir içecekle yutulabileceğini iddia edenlerden biri olma. Hayır. İyi denemeydi. Meyve, sebze ve tam tahıl yönünden zengin bir tabak oluşturmanın yanı sıra sağlıklı bir beslenme düzeni oluşturmak için yapman gereken temel şeylerden biri de fazladan şeker ve gereksiz tuz (sodyum için daha yaygın kullanılan bir tabir) tüketimini kısıtlamaktır. Kısa vadede şeker ve tuz iyi hissetmeni sağlayabilir. Ancak çoğunlukla şekere yüklendikten sonraki birkaç saat içerisinde bir çöküntü olur. Çok tuzlu bir öğünden sonra susuzluk hissedebiliriz. Bunlardan herhangi birinin fazla tüketilmesi dolaşım sistemini etkileyebilir ve eskisinden daha kötü hissetmene neden olur.

Ergenlik çağına girmenle beraber daha fazla özgürlükle ve arkadaşlarınla daha fazla vakit geçirme imkânıyla ödüllendirilmiş olabilirsin. Bu da hazır yemek yeme, okulda abur cubur satın alma ya da dışarıda gezerken atıştırmalık bir şeyler yeme potansiyelinin arttığı anlamına gelir. Aşırıya kaçmamaya dikkat et! Kötü alışkanlıklar hızlıca oluşabilir.

Paketli yiyeceklere yönelmemeye çalış. Cips, şekerleme, kraker ve hatta kahvaltılık gevrek gibi gıdalar paket ve kutular içerisinde olur. Bunların işlenmiş olma ihtimali vardır, yani lezzetli olmaları için ekstra şeker, tuz ve tatlandırıcılar eklenmiş olabilir. Atıştırmalıklar, tatlılar ve gazlı içecekler genellikle işlenmiş olan gıdalardır ve bunları üreten firmalar, satış cazibesini yükseltmek için ürünlere vitamin eklediklerinden ya da ürünlerinin meyve içerdiğinden bahsedip övünebilirler. Ancak hazır meyve suyunun bile içerisinde ilave şeker bulunur. Örneğin; elma, içerisinde vücudun kullanabileceği doğal şeker bulunduran harika bir karbonhidrat kaynağıdır. Hazır elma suyu ise içerisinde en az gazlı içecekler kadar şeker bulundurabilir.

Moralini bozma, dostum. Katkı maddelerini ve işlenmiş gıdaları kısıtlaman kendini hiç şımartmayacağın anlamına gelmez. Atıştırmalıkların ve tatlıların sadece küçük miktarlarda ödüller olduğunun bilincine var, yeter. Atıştırmalık yemekler tam bir öğün yerine geçmez ve her gün tatlı yemeye ihtiyacın yok. Beynin ve vücudun bir yemeği yemenin keyifli olması gerektiğini biliyor. İnsanlar, yeme sürecinde çiğneme ve yutma hareketlerinin de hem vücut hem de zihin için önemli olduğunu keşfedecek kadar evrim geçirdi. Ayrıca yemekler, ailemizle ve arkadaşlarımızla görüşlerimizi, duygularımızı ve hislerimizi paylaşabileceğimiz mükemmel toplanma fırsatlarıdır. Vücudumuz, enerji ihtiyacımızı en iyi karşılayan şeylere istek duyacak şekilde tasarlanmıştır ve bu yüzden gerçek yemekler her zaman atıştırmalıklara ya da beslenmeye yardımcı içeceklere, tozlara, haplara karşı olan savaşı kazanır. Yemeği vücudun yakıtı olarak algılamaya başladığında, her yiyeceğin tadını çıkarırken aynı zamanda sağlıklı beslenmenin faydalarını da göreceksin. Canın sıkıldığında buzdolabına ya da mutfak dolaplarına bakınmaktan sakın. Bunun yerine yemek hazırlanırken ailene yardım et ve farklı aktiviteler bul. Önerilere mi ihtiyacın var? Egzersiz hakkındaki bölüme bir bak.

ALERJİLERLE
(VE DİĞER SIKINTILARLA) BAŞ ETMEK

Yiyecek alerjisine sahip olmak oldukça yaygındır. Şimdiye kadar sen ve ailen yiyeceklere alerjik reaksiyon gösterip göstermediğinizi öğrenmek için doktora gitmişsinizdir. Bu fıstık ve fındık alerjisinden süt ürünü ya da laktoz hassasiyetine ve kabuklu deniz ürünlerine kadar çeşitlilik gösterebilir. Daha pek çok alerji türü de var. Bazen insanlar yiyecek alerjilerinden kurtulabilir, bazense reaksiyonu tetikleyen yiyecekleri veya içerikleri bulundurmayan bir beslenme düzeni edinirler. Etrafındaki insanlardan farklı şeyler yerken açık ve dürüst olursan pozitif ve kendinden emin kalabilirsin. Alerjilerini bilmeleri arkadaşların için faydalıdır. Eğer alerjini tetikleyen bir yiyecek ikram edilirse gayet basit ve dürüst bir biçimde, "Teşekkür ederim ama alerjim var. Başka ne alabilirim?" diye sorabilirsin. Bazı insanların sana soracak soruları olabilir ama mutlaka gerçeklere bağlı kalmalısın. Aksi bir durum reaksiyona sebep olur ve bu, kaçınman gereken bir şeydir. Alerjenler olup olmadığını anlamak için yiyeceklerin etiketlerini kontrol etme alışkanlığına bağlı kal ve hangi yaygın yiyeceklerin ya da markaların sana sorun yaratabileceğini öğren.

EGZERSİZ

Ergenlik boyunca büyürken vücudunu yönetmenin en iyi yollarından bir tanesi de fiziksel olarak aktif olmaktır. Aktif çocuklar, aktif gençler olur ve aktif gençler de aktif yetişkin olurlar. Aktif olmak, her çocuğun doğasında olan bir alışkanlıktır. Hepimiz çocukların koşmayı, zıplamayı ve oynamayı ne kadar sevdiğini biliyoruz. Şimdiye kadar hayatında keyif aldığın fiziksel şeyler mutlaka olmuştur ama yeni imkânları da göz ardı etme. Hem eğlenceli hem de zorlayıcı olan yeni bir aktivite bulabilirsin.

Fiziksel aktivitenin büyüyen bir bedene çok sayıda faydası vardır. Düzenli olarak egzersiz yapmak kasları geliştirerek, vücut yağını dengeleyerek ve kemikleri güçlendirerek sağlık ve fiziksel açıdan formda olmayı sağlar. Fiziksel aktivite aynı zamanda hafızana, ruh hâline ve okuldaki akademik performansına yardımcı olarak beyin sağlığını geliştirir. Egzersiz yapmak hastalıklardan korur ve ergenlik çağındaki sosyal ilişkilerinin büyük bir kısmında rol oynar. Sporda ve dışarıda oynanan oyunlarda arkadaşlıklar edinilir ve bu arkadaşlıklar devam eder. Ergenlikte hareketli vakit geçirmek, hormonların işlerini yapmasını sağlamak için beyne oksijen sağlar. Hareketlilik kanın kol ve bacaklara doğru akmasını sağlar ve büyüme ağrılarının üstesinden gelebilir. Hareket etmek aynı zamanda stresi ve duyguları düzenler. Gördüğün gibi her gün hareket etmen için sayısız neden var!

Hareket etmenin son bir sebebi de uykuya yardımcı olması. Fiziksel aktivite sayesinde, hareket günün erken saatlerinde yapılmış olsa dahi, daha hızlı ve derin yenilenme uykusuna dalabiliriz. Bu bölümün sonraki kısmında uykunun işlevlerinden ve ergenlik çağındaki genç bir erkeğin uyku ihtiyacından bahsedeceğiz.

Ergenler için tavsiye edilen günlük fiziksel aktivite süresi 60 dakikadır. Bu tek seferde ya da toplamda (birkaç saatlik ayrı zaman dilimleri) olabilir ancak bir saatle kısıtlı kalmak zorunda değil. Fiziksel aktivite birkaç saniye durup dinlediğinde kalbinin atışını hissedecek kadar nabzını hızlandıracak derecede yoğun olmalıdır. Yeterli yoğunlukta hareket edip etmediğini görmek için özel kalp ritmi ölçümleri var.

Sporcular

Sen bir sporcu musun? Ya da belki sadece sporu ve hareket etmeyi seviyorsundur. Kendine sporcu demek için yaptığın şeyde en iyisi olmana gerek yok. Ayrıca sen de biliyorsundur ki sporculuk pratik yaparak geliştirilebilir. Bu, fiziksel hareketin en iyi yanlarından biridir.

Güçle, dayanıklılıkla ve yetenek çalışmalarıyla herkes seçtiği aktivitede gelişebilir. Bir sporu yapmak çoğunlukla diğer aktivitelere de yol açar. Çaba harcadığın spor her ne olursa olsun koordinasyon, hız ve çeviklik gibi şeylerin faydası olabilir. Küçük bir çocukken bir alanda iyi olup gençliğinde o kadar iyi olamayabileceğin ihtimaline açık ol. İki ayrı alanda aynı anda eğitim almak da genel fiziksel özellikleri geliştirir, bu yüzden her yıl farklı bir sporu denemek iyi bir fikir olabilir. Yeter ki çalışmaya açık ol! Yaptığın sporda gelişmek istiyorsan sana gösterileni dinleyip uygulayabiliyor olmanın faydasını göreceksin. Başarısızlık kalıcı değildir; öğrenmen ve adapte olman için bir şanstır.

Yaptığın spora bağlı olarak belli başlı ekipmanlara, kıyafetlere ya da güvenlik önlemlerine ihtiyacın olabilir. Bu basit spor kıyafetlerinden Bölüm 4'te detaylandırdığımız sporcu iç çamaşırlarına kadar değişkenlik gösterebilir. Koruyucu ya da sporcu iç çamaşırlarının yanı sıra diğer eşyalar da yaptığın spora bağlıdır. Ayakkabıya ya da krampona, bir ağızlığa, bir koruyucu başlığa, sporcu bandına; diz, dirsek ya da diğer vücut koruyucularına ve görme gerekliliklerine bağlı olarak sporcu gözlüklerine ihtiyacın olabilir.

Sporcu Olmayanlar

Aktif zaman, programlı bir spor olmak zorunda değildir. Hareket etmenin en iyi yöntemlerinden biri arkadaşlarınla dışarıda oynayabileceğin eğlenceli oyunlar yaratmaktır. Parklar, oyun bahçeleri ve kapalı spor salonları halka açık olur. Diğer seçenekler ise geniş bir alan bulmak ya da komşunun bahçesinde top oynamak, saklambaç oynamak ya da bayrağı ele geçirme gibi oyunlar oynamaktır. Hatta mahallenin çeşitli noktaları arasında (tabii ki yoldan uzak durarak) yarış bile yapabilirsiniz. Müzik sana daha uygun olabilir. Yalnızken ya da arkadaşlarınla beraber sevdiğin müzikleri açıp harekete geçebilirsin. İyi bir dansçı olmana gerek yok, sadece zıplamaya başla. Belki bu seni koşmaya, ağaca tırmanmaya ya da eğlenceli hareketler yapmaya teşvik ederek enerjini atmana yardımcı olabilir. Yine de ailene ve yakınındakilere karşı tavırlarına dikkat et. En sevdiğin ritimler seni saygılı bir genç adam olmaktan alıkoymasın.

UYKU

Sağlığın üç silahşorlarının sonuncusu uykudur. Uyku, güçsüzler için değildir. Uyku, güçlü ve zeki olanlar içindir. Motivasyon ve başarı içindir. Sporcular, müzisyenler, sanatçılar, yazarlar ve teknoloji kurtları içindir. Zindeliğe önem veren herkes içindir. Uykunun pazarlığı olmaz. Bu, uykunun yerinin doldurulamayacağı anlamına geliyor. İstisnasız. Mesela güzel bir gece uykusunun yerini doldurabilecek bir şekerleme uykusu yoktur. Ayrıca uyku açığını hafta sonu kapatmak diye bir şey de yoktur. Bir gece 5 saat uyuyup ertesi gece 12 saat uyuyarak iyi hissetmeyi bekleyemezsin, kayıp zamanı tamamlayamazsın.

Uykuyu kumbaradaki para gibi biriktiremezsin ve borcun olduğunda senet yazamazsın. Ya günlük uyku ihtiyacını karşılarsın ya da karşılamazsın.

Uykuda vücut ve beyin günün yorgunluğunu atar. Sadece bu da değil, gece uykusu süresince meydana gelen bir sürü doğal vücut tepkimeleri vardır. Hem kas hücrelerinde hem de bunlara bağlı dokularda bakım ve onarım olur. Beynin ve merkezi sinir sistemin hafızayı ve öğrenmeyi pekiştirmek ya da kaydetmek için çalışır. Özellikle ergenlikte uyku esnasında büyümeyi tetikleyen pek çok hormonal tepkime olur. Ergenlikte kendini her zamankinden daha yorgun hissettiğini fark etmişsindir. Vücudun çok enerji harcıyor. Vücudundan en iyi şekilde yararlanmak istersin, değil mi? O zaman uyku önceliğin olmalı.

SAYILARIN GÜCÜ

Gençlerin yüzde 85'i her gece tavsiye edilen 8-10 saatten daha az uyuyor. Gençlerin yüzde 90'ından fazlası uykudan önce teknolojik aletleri kullanıyor. Buradaki sorun, ekrandan veya dijital aletlerden dolayı maruz kalınan ışığın uykuya geçmek için gereken hormonal tepkimeyi geciktirmesi. Eğer uykuyla ilgili problemlerin varsa yalnız değilsin! Gençlerin neredeyse yüzde 17'sine klinik olarak uyuyamama hastalığı (geceleri uykuya dalmada güçlük) teşhisi koyuluyor. Bunu önlemek için şekeri, kafeini ve gün içerisinde, özellikle uykudan önce, ekran karşısında geçirdiğin zamanı azalt. Eğer uykuyla ilgili şikâyetlerin varsa aile hekiminden randevu al.

Tüm bunlar göz önünde bulundurulduğunda uyku yönetiminde mantıklı davranmak bir erkeğin güçsüz olduğu ya da bir şeyleri kaçırdığı anlamına gelmez. Çok fazla çalışmak ve dinlenme eksikliği sağlığın için çok kötü bir birleşmedir. Her ne kadar çok çalıştığın için gece uyumakta zorlandığını söylemek kulağa sert ve öz güvenli gelse de bu tip bir davranış en sonunda çöküntüye sebep olur. Kilit nokta çalışma ve uyku arasında denge sağlamaktır. Okul ve hobilerin ne kadar gerekliyse durup dinlenmek de gereklidir. Uyku; fiziksel, zihinsel ve sosyal sağlık da dâhil olmak üzere hayatın her alanında faydalıdır.

Uyku İhtiyacı

Pekâlâ, uykunun günlük hayatın kesinlikle vazgeçilmez bir parçası olduğunu kabul ettik. Peki ama ne kadar uyuman gerekiyor? Uyku ihtiyacı kişiden kişiye değişse de ergenlik çağında olanların çoğu en yüksek verimi alabilmek için günde 8 ve 10 saat arası uyumalıdır. Ergenlikteki genç erkekler kendilerini harika hissetmek için 9 saati hedeflemelidir. Biraz az ya da fazla olması yaşına, eşsiz beynine, vücuduna ve günlük fiziksel aktivitene bağlıdır. 9 yaşında her gece yaklaşık 11 saat uyuman daha iyi olabilir. 18 yaşından itibarense 8,5 saat işine yarayabilir. Kesin olan şey ise uyku ihtiyacından kaçamayacak olman. Biraz uyu!

Ortalama bir ergen her gece 7 saat uyur. Günümüzün hareketli toplumunda 7 saat uyku kulağa oldukça iyi gelebilir. Oysa bu durum, uyku yoksunluğu olarak da bilinen uyku kaybına bir davetiye de olabilir. Uyku yoksunluğu, bir kişinin sağlık sorunlarına yol açan yetersiz uyuma durumudur. Günde bir saat eksik uyumak bile hırçın olmana ve düşüncesizce davranmana neden olabilir. Ayrıca güvenlik sorunlarına da neden olabilir.

Ertesi gün uykulu hissetmeyebilirsin ama birazcık daha az uyumak tepki verme süreni, grip ve soğuk algınlığı gibi enfeksiyonlarla savaşmanı ve ev ödevlerindeki, spordaki ve müzisyenlikteki performansını etkileyebilir. Her gece yeterli miktarda uyumak tetikte olmana, sorunları çözmene ve hatta öz güvenine bile faydalıdır. Ergenlik boyunca ve yetişkinlikte iyi hissetmenin en iyi yolu haftanın hangi günü olursa olsun her gece aynı saatte uyumak ve yaklaşık olarak aynı saatlerde uyanmaktır.

Eğer uykuya dalmakta zorluk yaşıyorsan, saate bakma. Sakın koyun falan da sayma. Şekeri, kafeini, geç saatte egzersiz yapmayı ve yatmadan önce ekran başında geçirdiğin süreyi azaltarak üstesinden gelebilirsin. Ve başını yastığa koyduğunda olumlu bir düşünceye odaklan, yalnızca bir tanesine. Zihninin farklı konularda gezinmesi uykuya dalmak için iyi bir yöntem gibi gelebilir ama aslında bu beynini uyanık tutar. Nefes alıp verişini yavaşlatırken o gün olan güzel bir şeyi ya da yaklaşmakta olan ve seni heyecanlandıran bir şeyi düşün. Ve hazır konusu açılmışken şunu aklından çıkarma: Herkes kâbus görür. Korkunç rüyalar, öğrenme ve tehlikelerden kaçınmak için beynin savunma mekanizmasının bir parçasıdır. Tamamen kurtulmak mümkün olmasa da uyku alışkanlıklarıyla stres ve kaygıyı kontrol ederek kâbusları azaltabilirsin. Bölüm 6'da duygulardan detaylı olarak bahsedeceğiz.

İLGİNÇ GERÇEKLER

Kalori, yemeğin miktarına eşit değildir. 100 kalorilik brokoli kocaman bir kâseyi doldururken 4 küçük dilim peynir de 100 kaloridir.

Egzersiz yalnızca vücudun için değildir. Hareket etmek hafızanı da güçlendirir. Düzenli egzersiz yapmak beynini geliştirir, belli başlı yeni nöronların (beyin hücreleri) oluşumuna katkı sağlayarak zihinsel konularda daha iyi olmamıza yardımcı olur.

Uyku yalnızca dinlenmek için değildir. Gece boyunca meydana gelen tüm onarımlardan dolayı aslında uyumak, televizyon izlemekten daha çok kalori yakar.

DUYGULAR VE ARKADAŞLAR

Ergenliğin getirdiği fiziksel değişimlerden bahsettik. Ama aslında hayat bundan çok daha fazlasıdır. Ergenlik çağındaki yolculuk diğer değişimleri de içerisinde bulundurur, yalnızca vücudunda olanları değil. Genellikle hayatı, dolayısıyla sağlığı, üç temel kategoride sınıflandırabiliriz: fiziksel, zihinsel ve sosyal. Bundan sonra işler gerektikçe detaylandırılabilir. Örneğin çevresel sağlık, ruhsal sağlık ve duygusal sağlık gibi hayatın diğer parçaları oldukça önem kazanabilir. Ama bu sağlık üçgeni kendimizi anlama süreci için iyi bir başlangıç noktasıdır. Hadi şimdi zihinsel ve sosyal sağlıktan da bahsedelim.

ANİ RUH HÂLİ DEĞİŞİMLERİ VE DAHA FAZLASI

İlk bölümde ergenlikte gelişiminin hormonlar yardımıyla olduğundan bahsetmiştik. Hormonların vücutta salgılanan kimyasallar olduğunu hatırla, bir tür haberci gibiler. Senin bunları düşünmene gerek bile kalmadan iç organlarının kontrolünü ve yönetimini sağlıyorlar. Hormonlar, beynin çok önemli bir kısmı olan hipofiz bezinin de içinde bulunduğu endokrin sistemi adı verilen yerden salgılanır. Ergenlik süresince hipofiz bezi fiziksel gelişimine ve önceki bölümlerde açıklanan tüm değişimlere katkı sağlar ancak bu, duyguların değişimine de neden olur. Tıpkı vücudunun yeni hormonlara uyum sağlaması gibi zihnin de aynısını yapar.

Bu hormonal değişikliklerden dolayı hislerinde iniş çıkışları ifade eden "ani ruh hâli değişimleri" yaşayabilirsin. Bunlar, büyüme serüvenindeki duygu dalgalarıdır ve yolculuğunu zorlaştırabilirler. Dayan kaptan! Bir an kendini mutlu hissederken hemen sonrasında ortada hiçbir sebep olmadan kendini mutsuz hissedebilirsin. Öfkeden birilerinin kalbini kırmak için bağırmaktan ağlamaya geçiş yaşayabilirsin. Bu kafa karıştırıcı olabilir ama anlaman gereken ilk şey bunda yanlış giden bir şeyler olmadığıdır. Ergenlik sürecinde hormonlar bunu çözecektir. Bu sırada kendini hassas, asabi, kıskanç ya da ailene ve arkadaşlarına karşı içe kapanık olmaya hazırla. Ayrıca kimi zaman kendini çok hareketli hissederken kimi zaman hiçbir şey yapmak istemiyormuş gibi hissetmen de gayet normal.

Bu durumlarla nasıl başa çıkabileceğinle ilgili ipuçları için ilerleyen kısımları oku.

Farkındalık

Ani ruh hâli değişimleriyle baş edebilmek için yapabileceğin birkaç şey var. İlk olarak yoğun duygular hissettiğin anda bir adım geri çekil ve kendi hayatına başka bir gözle bakmayı dene. Kendini film izliyormuş gibi izlerken neler olduğunu görmeye çalış. Bunu yapmak zordur, özellikle de öfke ve kızgınlık anlarında. Ancak o anki duygularını tanımlayabilirsen buna farkındalık denir.

Farkında olmak, içinde bulunduğun anı yaşamaktır. Geçmişe takılıp kalmadan, gelecek için endişelenmeden "şimdi ve burada" olduğunun farkında olmaktır. Ayrıca okulun ya da odan gibi çevrenin ve etrafındaki diğer insanların bilincinde olduğun anlamına gelir. Çevrenin farkında olmak duygularını nasıl yöneteceğini öğrenmen konusunda faydalıdır çünkü her özel durum için hareketlerinin sonuçlarını göz önünde bulundurabilirsin. Arkadaşının evinde öfke patlaması yaşayıp bağırmaya başlarsan dışarıdan nasıl görünürsün? Ebeveyninle toplum içinde tartışıp durursan istediğin ilgiyi alabilecek misin?

Son olarak farkında olmak, kendini yargılamadan duygularını ifade etmektir. Öfkeli ve asabi hissediyorsan, öfkelen. Mutsuz ve hayal kırıklığına uğramışsan, o zaman mutsuzluğunu yaşa. Duygulara "tepki göstermek" kontrol edemeyeceğimiz bir şeydir. Hemen, bir anda gerçekleşir ve saniyelerle dakikalar arası sürer. Öte yandan duygulara "cevap vermek", hislerini film karesi gibi izleyebilmen için zaman sağlar. Şu ana odaklanabilirsen, etrafını göz önünde bulundurursan ve hislerinin farkında olursan hayatında olan olaylara cevap verebilirsin.

Başa Çıkma İpuçları

Ani ruh hâli değişimleri ve stres yönetimi için faydalı olabilecek diğer başa çıkma ipuçlarını ilerleyen sayfalarda seninle paylaşıyorum.

ODAKLANMA ZAMANI: Kendine hedefler ve meydan okunacak durumlar belirle.

ÖRNEKLER: Haftaya dair umutlarınla ilgili beyin fırtınası yap, ilham veren sözler bul, seni bekleyen ve vermen gereken bir kararın olumlu ve olumsuz yönlerini listele, güçlü yönlerini bir kâğıda yaz, birkaç zayıflığını tanımla, gelecek ay için bir hareket planı hazırla.

YARATICILIK ZAMANI: Doğal ve yaratıcı ol.

ÖRNEKLER: Yaz, çiz, boya, şarkı söyle, dans et, hareket et, fotoğraf çek, bir enstrüman çal, arkadaşlarınla oynamak için bir oyun hazırla.

SOSYAL ZAMAN: Başkalarıyla birlikte vakit geçir.

ÖRNEKLER: Arkadaşlarınla espriler yap, güvendiğin biriyle konuş, senin için değerli olan birine bir not yaz, arkadaşlarınla ya da ailenle plansız zaman geçir, bir evcil hayvanı sev ya da onunla oyunlar oyna.

AKTİF ZAMAN: Hareket, zihni güçlendirir.

ÖRNEKLER: Egzersiz yap ya da dışarıda oyun oyna, bir spor antrenmanı yap, esne, yürüyüşe çık, biraz bahçe işi yap, kahkaha ve hareket dolu bir masa oyunu oyna.

SAKİN ZAMAN: Müzikle, filmle ya da oyunlarla gevşe.

ÖRNEKLER: Müzik dinle, en sevdiğin program ya da video oyunu için 30 dakikalık kısa bir ekran molası ver, ödevinin olmadığı bir akşam bir film izle. Günde 90-120 dakika ile sınırla.

İÇE DÖNÜŞ ZAMANI: Geleceğe dair beklentilerini belirlemeye yardımcı olur.

ÖRNEKLER: Oku, dua et ya da meditasyon yap, sessizlik içerisinde odanın bir kısmını temizle ya da düzenle, ılık bir duş al, yatağında ya da dışarıda hayal kur.

UYKU ZAMANI: Günün yorgunluğunu at ve öğrenmek için deneyimlerini pekiştir.

ÖRNEKLER: Uyumadan önce nefesine odaklan, "ışıkları kapamak" için kesin bir vakit planla, kaç gün 9 saat ve üzeri uyumayı başardığının takvimini tut.

Paylaşmak Güzeldir

Herkesin kendi derdi var. Eğer duygularından bunalırsan ya da canını sıkan sosyal durumlar yaşarsan bunu aklına getir. Yalnız değilsin. Burada seni yanıltan şey, diğer genç erkeklerin zihinsel ya da sosyal çatışmalarla uğraştığını gerçekten göremeyişin ya da duyamayışındır. Ruh hâlleri, arkadaşlıklar ve birine ilgi duymak çoğunlukla beyinde gerçekleşen şeylerdir. Elbette düşüncelerimiz, duygularımız ve hissettiklerimiz harekete dökülür ama bunların çoğu görülmez. Başka birinin hayatının her bir detayını göremeyeceksin ve o da aynı şekilde seninkini göremez. Onlar da senin neler yaşadığını tam olarak bilemez.

Hislerin kafanı karıştırırsa ya da ruh hâlinin dengesi bozulursa, iletişim faydalıdır. Bazı konuları kendine saklamanda hiçbir sorun yok. Sonuçta mahremiyeti hak ediyorsun ve bu durum yalnızca fiziksel değişimlerle kısıtlı değil. Biraz daha sessiz ve kişisel vakit geçirmekten keyif alabilirsin ancak olağan dışı bir şey olduğunu hissettiğinde ya da hislerinin kontrolden çıktığını düşündüğünde ne zaman birilerine ulaşacağını bilmelisin. Ebeveyninle ya da güvendiğin bir yetişkinle iletişim yollarını açık tut. Senden yanalar ve seni dinlemek isteyeceklerdir. Bazen tek ihtiyacımız olan yalnızca birinin dinlemesidir. Diğer durumlarda ise sana en iyi şekilde yol gösterecek uzmanı bulmaya çalış. Unutma, hislerin aracılığıyla konuşman faydalı olabilir. Bu aslında yapılabilecek en "erkeksi" şeydir, sonuçta en iyi hâlinde olabilmek için hislerini anlamaya çalışıyorsun. Bu öz saygı sosyal etkileşimlere de yansır, bu yüzden iletişim büyümenin bir parçasıdır.

Her zaman olduğu gibi bunun için de daha fazla yardıma ihtiyaç duyarsan bir doktora danışabilirsin.

İLGİNÇ GERÇEKLER

Pek çok şey ruh hâlimizi etkileyebilir: yediğimiz yemek, içeride ve dışarıda geçirdiğimiz zaman, temiz ya da darmadağınık olmuş bir oda, teknolojiye ayrılan zaman ve hatta rüyalar... Renklerin ruh hâlindeki değişimler üzerinde etkisi olduğunu biliyor muydun? Örneğin; mavi huzur ve sakinlik hissi verirken kırmızı sıcaklık ve konforla bağlantılıdır, yeşil ise sağlık ve iyi şans duygularını doğurur.

DEĞİŞEN ARKADAŞLIKLAR

Arkadaş grubunun senin için uygun olup olmadığını merak etmende hiçbir sıkıntı yok. Ergenlik süresince arkadaşlıklar değişebilir, bunun sebebi insanların değişmesidir! Değişim korkulacak bir şey değildir. İnsanlar büyüyüp farklı biri hâline gelebilirler ve buna sen de büyürken arkadaş olarak seçtiğin insanlar da dâhildir.

İlkokulu bitirip ortaokula geçtiğin yıllarda ilgi alanları sert bir şekilde değişebilir. Beşinci sınıfta keyif aldığın şeylerle sekizinci sınıfta keyif aldığın şeyler aynı olmayacak ve onlar da on ikinci sınıfta keyif aldığın şeylerle aynı olmayacak. Spora ilgin, okul dışı aktivitelere ilgin, hobilerin ve hatta okuldaki derslere olan ilgin bile arkadaşlarından farklı olabilir. Bu da arkadaş gruplarının değişeceği anlamına gelir. Bu normaldir ve hatta eski arkadaşlarınla arkadaşlığını sürdürürken edindiğin yeni arkadaşlarınla da vakit geçirmek oldukça güzel olabilir.

Kilit Nokta İletişim Kurmaktır

Herkese yetişebilmenin yollarından bir tanesi telefonla ya da internet aracılığıyla görüntülü ya da yazılı iletişim kurmaktır. Bir arkadaşın taşınmış ve artık birbirinize uzak yaşıyor olsanız bile günümüzün teknoloji dünyası zaman zaman konuşmamızı mümkün kılıyor. Ancak arkadaşlarınla fikir ayrılığına düştüğünü ya da sürekli tartıştığınızı fark edersen büyük resmi görmek adına bir durup düşün. Sorun belli bir durumdan mı kaynaklı? Eğer öyleyse, büyük bir olasılıkla işler tatlıya bağlanır. Yoksa daha ciddi ve arkadaşlarına karşı açık sözlü ve dürüst olman mı gerekiyor? Vaktini geçirdiğin insanlarla ilgili zor bir karar vermen gerekiyorsa, iletişim hâlâ güçlü bir yöntemdir. Sadece başka bir arkadaşınla takılmaya karar verdiğini belirt. Bu, saygılı bir harekettir ve özellikle arkadaşın olarak gördüğün kişi, yapmaktan rahatsızlık duyduğun şeyler için sana baskı yapıyorsa kendine olan öz saygını gösterir. Gerçek bir arkadaş senin hayatındaki inançların ve ahlakın olan bütünlüğünden taviz vermeni gerektirecek hiçbir duruma seni zorlamaz.

Eğer sürdürmek istediğin bir arkadaşlığına karşı sevginin azaldığını fark edersen bu kesinlikle duygularının incinmesine neden olabilir. Yine kilit nokta iletişimdir. Neler olduğunu sorgulamak konusunda ve işlerin düzelip düzelemeyeceği konusunda açık ol. Biraz daha yardım almak için her zaman güvendiğin bir yetişkinle konuşabilirsin. Sonuç olarak birbiriniz olmadan yolunuza devam etmeniz gibi acı bir gerçek ortaya çıkabilir. Bununla birlikte nezaket her zaman kazanır, dostum. Yollarınızı ayırırken bile saygılı ol.

SAYILARIN GÜCÜ

Bazen arkadaş bulmak için sosyalleşmemiz gerekirken bazen çaba harcamamıza gerek kalmadan kendiliğinden olur. İşte bir zamanlar senin yerinde olan birkaç adamın arkadaşlık anıları.

"Çocukken sürekli taşınırdık ve bu yüzden her zaman yeni arkadaşlar edinmem gerekirdi. En yaygın ortak nokta spor ve hobilerimizdi. Bu ilgi alanları bugün hâlâ değer verdiğim arkadaşlıklar geliştirmeme yardımcı olmuştu."
- Kris L.

"12 yaşındayken ilk önce çocukluğumdaki çekirdek arkadaş grubumun dışındaki gruplarla iletişim kurdum. Kendimi çeşitli ilgi alanları olan farklı arkadaş gruplarının içinde buldum ve bu deneyimi yaşamak güzeldi. Kendime ve yapmaktan keyif aldığım şeylere bağlı kalarak yeni arkadaşlarım oldu."
- Jeff B.

"Taşındığımda benimle, yani yeni çocukla, konuşmak isteyenlerin potansiyel bir arkadaş olabileceğini öğrendim. Bu beni herkese karşı oldukça açık yaptı ve farklı çocuklarla arkadaş olmamı sağladı. Tam olarak kendime ait bir arkadaş grubum yoktu, genellikle farklı tip insanlar arasında bir köprüydüm. Bu durum yetişkinlikte de oldukça işe yarıyor."
- Kapil K.

Kontrol Sende

Güzel haber şu ki serüveninin kaptanı her zaman sensin ve bu da mürettebat seçimini sana verir. Hayır dostum, tabii ki bu diğer insanları kontrol edebileceğin anlamına gelmiyor ama her zaman arkadaşlarını seçebilme şansın var. Kişilerin olumlu kişisel özelliklerini göz önünde bulundurarak kimlerle takılacağını seçebilirsin. Birlikte vakit geçirdiğin bir insanda neye değer verdiğini düşün. Güven, mizah anlayışı, güvenilirlik, dürüstlük veya benzer deneyimlerden dolayı diğer kişinin duygularını anlayabilmek anlamına gelen empati gibi şeyler olabilir. Mürettebatını toplamak bazen zor, bazense durgun sularda yol almak kadar kolay olabilir ancak büyüme yolculuğunda sırtını yaslayabileceğin arkadaşlarının olması tüm bunlara değer.

ARKADAŞTAN DAHA FAZLASI

Şu anda bulunduğun yaşa bağlı olarak sadece arkadaşlıktan daha fazlasını hissettiğin insanlarla ilişki kurmak ilgini çekebilir. Özellikle ergenliğin son evrelerinde diğerlerine karşı ilgi duymak normaldir. Bazı erkekler bu çekimi ve bağı hissetmezken bazıları zamanı geldiğinde flört etmeyi deneyebilirler. Sonuç olarak hayatına dair vereceğin bu karar yine tamamen sana aittir. Bir ilişkide neye ya da kime ilgi duyup duymadığın konusunda son söz sana ait.

Çekimi hissetmenin pek çok yolu var. Bu zihinsel çekim, duygusal çekim ya da fiziksel çekim olarak ortaya çıkabilir. Fikirlerine değer verdiğin ya da ortak hobileriniz olduğu için birine ilgi duyabilirsin. Güzel göründüklerini ya da yüz hatlarının hoş olduğunu düşünebilirsin. Aynı hisleri paylaşabilir ya da farklı samimi yollarla bağlanmaktan hoşlanabilirsin. Tüm bunları çözmek biraz zaman alacak. Biriyle aylarca her gün iletişim kurmadan bir insanı yeterince tanımayabilirsin. Aylar sonra bile acele etmene hiç gerek yok.

Rıza

İstemediğin bir ilişkiye girmek için asla zorlanmamalısın. Eğer bu olursa sınırlarını koyarak ve uzaklaşarak kendine saygını göster. Rıza, bir şeyin olmasına izin vermektir. Bir ilişkide rıza, iki bireyin de aynı konuda aynı fikirde olmasıdır. Rıza, senin ve karşındaki kişi arasında oluşabilecek fiziksel ve duygusal her şeyin temelidir. Mesela bir arkadaşın biriyle flört etmen ya da dışarı çıkman gerektiğini söylediğinde eğer bu sana iyi hissettirmiyorsa onunla aynı fikirde olmak zorunda değilsin. Flört ettiğin kişi el ele tutuşmak ya da öpüşmek istiyorsa ve sen buna hazır değilsen, bunu yapmak zorunda değilsin. Aynı şekilde rıza, başka birine bir konuda baskı yapmaman anlamına da gelir. Sakın fiziksel temasa iznin varmış gibi davranma. Karşındaki kişinin ifade ettiği şeyleri dinle. Açıkça dile getirilen bir rıza yoksa cevap "hayır"dır. Vücudun sana aittir ve bu, karşındaki kişi için de geçerlidir. Yapmak istedikleri şeyler konusunda son karar onlara aittir. Geçmişte bir şey meydana gelmiş olsa bile anlaşmalı ilişkilerde aynı şey tekrar olmak zorunda değil. Rıza, saygıdır. Açık iletişim bunun temel parçasıdır.

Bir Şey Söylemeli miyim?

Ebeveyninin flört hayatına dair ne yapıp ne yapamayacağın konusunda söyleyecekleri olabilir. Öte yandan arkadaşlar ve aileler, genç erkeklere hoşlandığı insanlar konusunda zor zamanlar yaşatabilirler. Olasılıklar üzerine çoğunlukla zararsız sataşmalar ve şakalar yapabilirler. Bu tabii ki biraz sinir bozucu olabilir ama basit ve komikse buna birazcık katlan gitsin. Hatta alaycı bir şekilde karşılık verebilirsin. (*"Biriyle çıkmaya hazır mıyım? Merdivenlerden çıkmaya mı? Biraz yorgunum ama teşekkür ederim."*) Aklında olsun, herhangi bir etkinlikte insanlar "o kişi" hakkında sorular sorarak seni rahatsız edebilir.

Cesur olmanın ve hoşlandığın kişiye açılmanın sonuçları harika olabilir... Ya da reddedilebilirsin. Ona karşı duygular beslediğin biriyle konuşmak biraz yürek ister ama aşkının karşılık bulamayabileceğini de bilmen gerek. Bununla başa çıkma yöntemlerinden biri ilişkinin kendiliğinden gelişmesini beklemektir. Bu esnada o kişi ve sana karşı hisleri hakkında daha fazla bilgi edinebilirsin. Bunu bir sır olarak saklamak zor olabilir, o yüzden bunu o kişiye söylemeyi de tercih edebilirsin. Bu, arkadaşlığı değiştirebilir de değiştirmeyebilir de. Çıkmaya başlayıp birlikte vakit geçirebilirsiniz de bu durum gerçekleşmeyebilir de. Bu işler böyledir. Her aşk ya da çekim eşsizdir. Sadece birlikte gezmeyi önermek her zaman bir seçenektir. Ondan gerçekten hoşlanıyorsan zaten istediğin de budur, yani ikinizin de keyif aldığı aktivitelere zaman ayırmak. İlgini dile getirsen de getirmesen de duygularında dürüstsen ve hislerinden eminsen zamanı geldiğinde doğru kararın ne olduğunu bilirsin.

AİLE VE DİĞER GÜVENLİ ALANLAR

Ergenliğin ve büyümenin anlamını keşfetmede sona doğru yaklaşırken serüveninin kaptanı olarak komuta sende olsa da her zaman güvenebileceğin bir mürettebatın olduğunu bilmek önemlidir.

Hayatta kendi kendine olmak istemekle insanlar arasında olmak istemek arasında bir denge vardır. Hem ergenlik çağında hem yetişkinlikte insanlar sosyal zamanlar ile yalnız geçirdikleri zamanlar arasında gidip gelirler. Her iki durum için de neyin sağlıklı ve uygun olduğunu bilmen iyidir.

Ergenlik çağındaki genç erkekler, daha önce de bahsettiğimiz gibi, mahremiyeti hak ederler ama aynı zamanda yalnız olmadıklarını bilmeyi de hak ederler. İhtiyaç durumunda ilgilenip yardım edecek insanlar vardır. Arkadaşlarının yanı sıra bahsedilmesi gereken başka bir destek grubu var, o da ailen ve diğer güvendiğin yetişkinlerdir.

İşte özellikle bu geçiş döneminde özel ve genel ilişkilerin arasındaki dengeyi sağlamak için yapabileceğin bazı öneriler.

BİR DERT ORTAĞI BUL

Her genç erkeğin akıl almak ve güvende kalmak için nereye gideceğini bilmesi gerekir. Kitaplar, internet siteleri ve diğer kaynaklar bilgi edinmek için işe yarar araçlar olabilir. Ancak onlar yalnızca araçtır. Çoğunlukla en iyi desteği almak için ya da ergenlikte en doğru bilgiye ulaşmak için gerçek bir insana ihtiyacın vardır. Peki bu iş için en doğru insan kim? Tabii ki tüm bu süreci atlatan birisi. Bu yüzden en iyi kaynak sınıf arkadaşın ya da yaşıtın değildir. Ergenlik sürecinde ortak duygularınızdan ya da birkaç ortak değişiminizden dolayı bir arkadaşına sırtını yaslamayı planlıyor olabilirsin. Ancak daha büyük soruların ya da sorunların olduğunda en uygun seçim bir aile büyüğü ya da güvenilir bir yetişkindir.

Hayatındaki güvenilir bir yetişkin kim? Buna karar verecek olan kişi sensin. Bu bir ebeveyn, bir akraba, bir aile dostu, bir öğretmen, bir koç, bir doktor ya da okul hemşiresi olabilir; belki böyle birden fazla kişi tanıyor bile olabilirsin. Burada kilit nokta güvenilir olmalarıdır. Rahatça yardım isteyebileceğin bir ilişkiniz olması için onlar seni ve sen de onları yeterince tanıyor olmalısın. Hızlı bir soru ya da daha kişisel bir konuşma söz konusu olabilir. Oldukça kolay geçebilir ya da konuya girmek biraz utanç verici olabilir. Ne olursa olsun bu kişi sana yardım edebilir ve edecektir. Onun sır saklayacak biri olması gerektirdiğini aklından çıkarma. O, bilmen gerekenleri söyleyecek ya da gerektiğinde kaynaklar sunabilecek kişidir.

Her şeyi fazla düşünme, senin açından iletişimin basit bir şey olması gerekiyor. Başlamak için sadece bir soru sor! Muhtemelen istediğin şey özel bir konuşma olacaktır, bu yüzden *"Hey, bana özel birkaç dakika ayırabilirsen sana birkaç şey sorabilir miyim?"* demen yeterli. *Özel* kelimesini kullandığında bu yetişkin, konunun kişisel olduğunu anlayacaktır ve bu noktada biraz zaman ayırmalıdır. Eğer vakit ayıramazsa en azından konuşabileceğiniz daha iyi bir yer söyleyecektir. Yetişkinler ergenlikte olabilecek stresi anlarlar, bu yüzden tuhaf görünmek konusunda endişelenme. Soruların ve ihtiyaçların konusunda açık ve kendin ol. Yetişkinler yalnızca büyümüş çocuklardır, dostum.

MAHREMİYET HAKKIN

Hadi aile üyeleriyle ilgili ilginç bir şekilde kafa karıştırıcı olan bir konudan bahsedelim. Dünya üzerindeki en sinir bozucu insanlar olabilirler. Ancak gerektiğinde, uğrunda her şeyi yapabileceğin insanlar da onlardır. Ve onlar da senin için her şeyi yaparlar. Kendine karşı dürüstsen bunun doğru olduğunu biliyorsundur. Durumlara bağlı olarak onlar senin ya kanındır ya da kanın olmuşlardır. Bu bir denge, unutma. Mahremiyette hiçbir sorun yok ama seni en çok seven insanları dışlama.

Bu kitapta tekrar eden birkaç cümle oldu. Bilgi, güçtür. Büyümek, öz saygıdır. Ve bir önceki bölümde de bahsettiğimiz gibi, kilit nokta iletişim kurmaktır. Yine söyleyelim, aile üyelerinle iletişim kanallarını açık tut ki kendi kendine geçirdiğin zamana değer verdiğini bilsinler. Ergenlik boyunca hormon dalgalanmaları fiziksel ve duygusal değişimleri etkileyecektir ve bu sebeple, etrafında kimse olmadan biraz sakin vakit geçirmek isteyebilirsin. İyi bir kitap, bir oyun, bir film, en sevdiğin şarkı ve hatta sadece hayal kurmak bile en iyi gevşeme yöntemi gibi hissettirebilir. Yalnız vakit geçirmeye hakkın var. Ama ebeveynine ve diğer aile üyelerine karşı neler olup bittiğine ve daha da önemlisi, kısa bir deşarj molasından sonra geri döneceğine dair açık ol. İhtiyacın olan yalnızca 20-30 dakikalık bir süre olabilir. Evdekilere bunu açıklama şeklin konusunda dikkatli ol. Bu, genç bir adam olmanın bir parçasıdır ve aynı zamanda özel zamanına saygı duymaları ihtimalini arttırır.

Mahremiyetin bir diğer parçası da bir önceki bölümde bahsettiğimiz rızadır. Hatırlamak gerekirse rıza, bir şeyin olmasını kabul etmektir. Saygı göstermenin en iyi yöntemlerinden biri de rızaya dayalı yaşamdır. Bu durumda rıza, öz saygı anlamına da gelir. Kendi bedeninden sen sorumlusun. Birinin sana ne zaman dokunabileceğine ya da dokunamayacağına sen karar verirsin. Tekrar edelim, aile üyelerine karşı kibar olmak her zaman en iyisidir. Akrabaların sarılması ve öpmesi genellikle beklenen bir şeydir ancak herhangi bir ilişkide karşılıklı temas her zaman senin kararına kalmıştır. Bir şeyden rahatsızsan dürüstlük ve nezaket el eledir. *"Üzgünüm, şu anda sadece kucaklaşma daha rahat hissettirecek."*

ya da *"Şu anda sarılmak istemiyorum. El sıkışsak olur mu? Teşekkürler."* gibi bir şey söylemek tamamen kabul edilebilir. Eğer birisi seni rahatsız edecek kadar sınırı aşarsa hemen güvendiğin bir yetişkine ulaş ve durumu anlat. Sır saklamak yok çünkü bu adil ve güvenli değil.

SOYUNMA ODASI TAKTİKLERİ

Bir gün kendini yüzme havuzunun, kamp ve spor etkinliklerinin ya da okulun beden eğitimi dersinin şahsa özel bölmeleri olmayan ortak kullanımlı bir soyunma odasında bulabilirsin. Böyle bir durum gerçekleşse bile yine de kendi mahremiyetini yaratarak topluluk içinde üzerine değiştirmekle ilgili gerginliğinle baş edebilirsin.

İlk olarak panikleme. Biraz utanç hissedersen unutma, aslında kimse sana bakmıyor. Kendini çok göz önünde hissedebilirsin ama aslında herkes kendi işiyle uğraşıyor. Sonrasında hızlı ve kolay bir şekilde üzerini değiştirmek için bir yöntem aslında mümkün. Yeni kıyafetlerini ya da mayonu kolayca ulaşabileceğin bir yere koy. Şortunu ya da pantolonunu değiştirirken alt kısmının biraz kapanmasını sağlamak için üst kısmındaki kıyafetlerini çıkarma. Biraz eğil, hatta istersen kalabalığa arkanı da dönebilirsin. Son olarak yine yeni kıyafetlerini elinde tutarak vücudunun üst kısmındaki kıyafetini değiştir.

Pek mahremiyeti olmayan bir yerde duş alman gerekirse hızlıca girip çıkmak için havlunu kolayca ulaşabileceğin bir yerde tut. Arkanı dönmenin ve gerekirse ellerini kullanmanın burada biraz yardımı olabilir. Daha iyi hissettirirse gözlerini aşağı indir. Birileriyle konuşarak ilgiyi çok fazla üzerine çekme, bunun dışında sadece doğal davran. Yıkan, üzerini giyin ve gitmeye hazırsın.

YAŞIT BASKISI

Bölüm 6'da bahsettiğimiz sağlık üçgenini hatırlıyor musun? Sosyal sağlık da o gerekli kısımlardan bir tanesiydi. Sosyal ilişkilerde sağlıklı olabilmeni sağlamak, duygularını kontrol altında tutup stresin fiziksel sağlığına zarar vermesini de önleyebilir.

Tıpkı genç erkeklerin ergenlikteki fiziksel değişimleri farklı ölçülerde olduğu gibi sosyal olarak da farklı oranlarda değişim gösterirler. Sosyal hayat açısından ergenlik çağında yeni ilgi alanları geliştirebilirsin de geliştirmeyebilirsin de. Ergenlik süresince yeni ilişkiler ve yeni etkileşimler geliştirebilirsin de geliştirmeyebilirsin de. Spor, müzik ve diğer hobiler hayatında öncelikli kalabilir ama onlardan biraz vazgeçtiğini de fark edebilirsin. Yaşıtlarının da odağının biraz değiştiğini fark etmen mümkün. Diğerlerindeki bu değişim bilerek ya da bilmeden sende de değişimlere neden olabilir. Havalı kalabalığın bir parçası olmak bazen sağduyuya baskın gelebilir.

"Bunu herkes yapıyor." cümlesini duymuşsundur. Bu algıya bağlıdır. Asıl gerçeğin bu olmasındansa senin algın "herkesin bunu yaptığı" yönünde olabilir. Arada fark var. Kötü haber ne mi? Algı, gerçekliğe dönüşür. Bir tek senin dâhil olmadığını sadece düşünmen bile davranışlarını değiştirebilir. Herkesin online oyun oynamak için gece geç saatlere kadar uyanık kaldığını, herkesin elektronik sigara içtiğini, alkol kullandığını ve herkesin cinsel bir ilişkisi olduğunu düşünürsen bu algılar gerçek tercihlerini etkileyebilir. Bir şeyden mahrum kalma korkusu, ergenlerin aslında kaçınılabilir riskleri almasına neden olabilir. Bu sinsi algılara güvenmek yerine gerçeklere odaklan: Çocukların ve ergenlerin çok büyük bir kısmı alkol *almıyor*, tütün ürünleri *kullanmıyor* ve internet üzerinde ya da gerçek hayatta uygunsuz cinsel ilişkiler içerisinde *değiller.* Gördüğün gibi, hayır, bunu herkes yapmıyor.

İyi haber ise yaşıtlarının baskısına karşı direnmek için gereken yeteneklere sahipsin. Başka bir aktivite önererek, konuyu değiştirerek ya da basitçe hayır diyerek kendi öz saygını geliştirirsin. Şunun da farkına var: Seni huzursuz hissettiren bir şeyi yapmaya zorlayan kişi her kim olursa olsun gerçek bir arkadaş değildir. Gerçek arkadaşlar destekleyicidir. Gerçek arkadaşlar umursar.

Çevrenin, yani nerede ve kiminle vakit geçirdiğinin bilincinde olursan kendine yardımcı olabilirsin. Zamanla uzak durman gereken durumları öğreneceksin. Bazen de bunu bulunduğun an içerisinde fark edersin. Büyüdükçe ve ergenlik boyunca değiştikçe boş zamanların için sana daha fazla özgürlük verildiğini fark edebilirsin. Ayrıca insanların senden beklentilerinin de değiştiğini fark edebilirsin. Büyümeye bağlı olarak insanlar, olduğundan daha büyük görünen bir gençten daha fazlasını bekleyebilir. Zorbalıkla bile karşılaşabilirsin.

Üst üste gelen bu baskılar yüzünden kendini bunalmış hissedebilirsin. O noktada önce durumu etkisiz hâle getirerek ve sonra kendini olaydan tamamen uzaklaştırarak güvende kalabilirsin. Gerekirse bir bahane bul. Kulağa komik gelse de suçu ebeveynine atmak aslında yardımcı olabilir. *"Ceza alıp almadığımdan emin olmak için eve gitmem gerek."* demeyi dene. Ya da güvenli olmayan bir şey teklif edilmişse ve birkaç dakika boyunca bundan kurtulmanın yolu yoksa *"Hayır, teşekkür ederim. Birazdan eve gitmem gerek zaten."* diyebilirsin. Bu noktada muhtemelen aşağılamaları görmezden gelmen gerekecek. Bunu yapmak kolay değildir. Hızlıca bir çıkış yolu bulmaya odaklanarak sakinliğini koru. Bir telefon uzağındaki güvenilir bir yetişkini aramak her zaman akıllıcadır. İkiniz derinlemesine düşünüp beyin fırtınası yaparak senin güvenliğini sağlamanın ve ileride olabilecek karşılaşmalardan kaçınmanın yollarını bulabilirsiniz.

SOSYAL MEDYADA GÜVENDE (VE AKLI BAŞINDA) KALMAK

Etkileyici olan ne biliyor musun? Genişleyen internet dünyası. Korkutucu olan ne biliyor musun? Genişleyen internet dünyası. Evet, internet ve sayısız sosyal medya seçeneği hem faydalı hem de zararlı olabilir. Hayattaki diğer birkaç şey gibi bu da nasıl kullandığına bağlıdır.

Ergenlik boyunca sağlıklı bir dengenin faydalı olduğunu ve bunun içinde beslenmenin, egzersizin ve uykunun gerektiğini pekiştirdik. Bu dengeye ekranları da eklemeliyiz. Ergenlik çağında ve yetişkinliğe girişte fiziksel, zihinsel ve sosyal sağlığını sürdürebilmek için ekran karşısında geçirdiğin zaman önemlidir. Televizyon, internet ve video oyunları gibi teknolojiler günde 1 veya 2 saatle sınırlı olmalıdır.

Bu dengenin sosyal medya kısmı biraz hilelidir, çünkü genç bir erkek ergenlik yaşlarına girdiğinde gördüğü sosyal baskı bunu bir gereklilik gibi hissettirebilir. Biraz da isim yapmış şirketlerin akıllıca pazarlamalarını eklersek işte hiçbir gelişen beynin karşı koyamayacağı cazibenin tarifi ortaya çıkıyor.

İlk olarak, sosyal medyayı *kullanmaman* oldukça normal. Tıpkı bir önceki kısımda bahsettiğimiz yaşıt baskısı gibi, herkesin sosyal medya kullandığını düşünmen yalnızca senin algından ibaret. İnsan yapısında yüz yüze ve kişisel olarak iletişim kurmak vardır; doğal olmasının dışında aynı zamanda sosyal gelişimimiz için de gereklidir. Sosyal medyayı internetin bir uzantısı olarak düşün. Doğru ve uygun bir şekilde kullanıldığında arkadaşlarına ayak uydurmak için eğlenceli bir yol olabilir. Ayrıca dünyanın dört bir yanından ortak ilgi alanlarımız olan insanlarla iletişim kurma imkânımız olduğu için dünya görüşünü de genişletebilir. Bu kesinlikle çok iyi.

İster inan ister inanma ama sosyal medyanın olumsuz etkisi, genç erkeklerin daha *az* sosyal hissetmesine neden olabilmesidir. Dışlanmış hissetmek, gençlerin sosyal medya kullanımındaki artış faktörlerinden biridir. Gönderiler ve yer bildirimleri genç erkeklerin fırsatları kaçırıyormuş gibi hissetmesine neden olabilir. Ancak insanların sosyal medyalardaki fotoğrafları ve videoları her zaman gerçekte olanları yansıtmaz. Sosyal medyayı hayata dair tüm mükemmel zamanların ve eğlenceli aktivitelerin paylaşıldığı, günlük ve sıradan şeylerin ise dışarıda bırakıldığı bir platform olarak görmelisin. Ayrıca fotoğraf filtreleri yüzünden gördüklerin aslında gerçek olmayabilir.

Herhangi bir sosyal medya ortamına girmeyi tercih edersen göz önünde bulundurman gereken bazı konular var. İnternette söylediklerin ya da yaptıkların sonsuza kadar kalır. Silinen mesajlar ya da fotoğraflar tamamen yok olmuş gibi görünebilir veya gizli sekmeler kişisel bilgilerini saklıyormuş gibi görünebilir ancak gerçek şu ki tüm bunlar hâlâ takip edilebilir olabilirler. İnsanların tek bir tuşla ekran görüntüsü alabilmesinin yanı sıra sana ait telefonun ve bilgisayarın görünmez bir "adresi" vardır. Bunları seni korkutmak için söylemiyorum. Gerçeği bilmen için söylüyorum. Bilgi, güçtür dostum.

İnternet güvenliği konusunda vereceğim son ipucu ise hem gerçek hem de sanal dünya için geçerli. Dünyanın seni nasıl görmesini isterdin? Olmak istediğin kişiyi düşün. Sonra da o kişi ol! Müstehcen fotoğraflar göndermek pişmanlık yaratabilir ve özellikle yabancılarla konuşurken hiç de güvenli değildir. Olabilecek korkutucu sonuçlarından dolayı cinsel içerikli fotoğraflar ve mesajlar göndermek de riskli bir durumdur. Bu sadece uygunsuz ve utanç verici olmakla kalmayıp yasa dışı da olabilir. Kendini ekranda diğer herhangi bir ortamda sunabileceğin şekilde sunarak güvende kal, aklın başında olsun. İnternette olduğun kişinin gerçekte olduğun kişiden ayrı olmadığını unutma. Gerçek hayatın içerisinde internet ve sosyal medya da vardır ve ikisinde de saygılı davranırsan fayda sağlarsın. Eşsiz karakterin yine kendini belli eder, yeter ki kendin ol. Zaten olduğun kişi gibi kibar ve saygılı bir genç adam ol.

İLGİNÇ GERÇEKLER

Bir üçgenin çoğunlukla en güçlü geometrik şekil olarak kabul edildiğini biliyor muydun? Gücünü her kısmına eşit olarak dağıtabilme özelliğinden dolayı üçgenlerin şeklini bükerek değiştirmek çok zordur. Benzer şekilde fiziksel sağlığımız, zihinsel sağlığımız ve sosyal sağlığımız eşit derecede önemlidir. Aynı zamanda birbirlerine bağlıdırlar. Çocukluğunda inşa ettiğin hayat üçgeni, ergenlik çağında güçlü ve sağlıklı olmanı sağlar. Ve büyüme serüveninde mükemmel dengeyi sürdürmek sana yetişkinlikte başarıyı getirir.

SONUÇ

Pekâlâ, dostum, birlikte geçirdiğimiz zamanın sonuna geldik. Büyüme okyanusundaki yolculuğun devam ederken bu seyir rehberin her zaman elinin altında olacak. Zaman, arkadan vuran bir rüzgâr gibi seni doğru yöne itiyor. Genetik yelkenleri ve sağlıklı seçimler dümeniyle gayet donanımlısın. Yağmur çamur da olsa sular sakin de olsa ergenlikte büyüme yolculuğun devam edecek. Büyüme ve değişimler sırasında hayatını suyun üzerinde tutacaksın ve varış noktasında yetişkin bir erkek olacaksın.

Okyanustaki tüm sular bir araya gelse bile *içine* girmediği sürece gemini batıramaz. Aynı şekilde karşına çıkan hiçbir olumsuzluk sen içine girmesine izin vermediğin sürece seni alt edemez. Bölümlerde bahsettiğimiz değişimleri ve mücadeleleri hatırlıyor musun? Onlar senin harika bir şekilde büyümene yardımcı olacak. Ergenliğin bombardıman yapan sularına karşı dirençli olacaksın çünkü bu senin doğanda var.

Bana söz ver kaptan, hiçbir aksiliğin aklına girmesine izin vermeyeceksin. Her fırtınanın karşısında gururla ayakta duracaksın. Ve olumlu enerjini bir sonraki kaptana aktarmaya hazır, öz saygılı bir yetişkin olacaksın.

Anlaşıldı mı dostum?

TERİMLER SÖZLÜĞÜ

Âdemelması: Gırtlakta bulunan bir kıkırdak çıkıntısı.

Akne: Cilt üzerinde tümseklere neden olan iltihaplı gözenekler.

Ani ruh hâli değişiklikleri: Ergenlik döneminde yaygın olan duygusal iniş ve çıkışlar.

Büyüme atakları: Ergenlik sürecinde hormon değişimleri sonucu oluşan hızlı büyüme.

Çevre: Bireyin etrafında bulunan şeylerin bütünü.

Ejekülasyon: İçerisinde sperm hücrelerinin bulunduğu meninin bırakılması.

Ergenlik: Çocukluktan çıkıp yetişkinliğe adım atılan büyüme ve gelişme dönemi.

Fiziksel sağlık: Vücudun yiyecek, egzersiz, uyku, barınma ve güvenlik yönünden iyi olması.

Gece emisyonu (Uykuda boşalma): Gece uykusunda sperm hücrelerini bulunduran meninin bırakılması.

Gen: Biyolojik ebeveynlerden aktarılan özellikler.

Genital bölge: Bir erkeğin dış üreme organlarının olduğu bölge.

Hipofiz bezi: Beyinde yer alan, büyüme hormonlarını salgılayan endokrin sisteminin temel bir parçası.

Jinekomasti: Ergenlikte hormon değişimlerinden dolayı meme uçlarında oluşan hassasiyet ve olası şişme.

Kalori: Yiyeceklerde bulunan enerji birimi.

Kendi kendine muayene: Özellikle değişimler yönünden kişinin kendi üzerinde yaptığı muayene.

Melanin: Cilde rengini veren pigment.

Meni: İçerisinde sperm hücreleri bulunduran sıvı.

Penis: Temel erkek üreme organı.

Rıza: Bir şeyin olmasına izin vermek.

Seks: İki kişinin yakın, samimi ve çıplak yakınlığı.

Skolyoz: Bir kişinin omurgasının kıvrımlı olduğu yaygın bir tıbbi durum.

Sosyal sağlık: Aile, arkadaşlar ve daha büyük toplumsal gruplar dâhil insanlar arası iletişimin iyi olması.

Sperm: Bir erkeğin DNA'sını bulunduran mikroskobik hücreler.

Sünnet: Penisin etrafında bulunan derisinin ameliyatla alınması.

Testis: Penisin arkasındaki testis torbasının içinde bulunan ve sperm üreten oval şekildeki iki organ.

Testis torbası: Testisleri içinde bulunduran deri kesesi.

Testosteron: Erkek cinsiyetine ait özelliklerden ve büyümeden sorumlu olan, genellikle testislerde üretilen bir hormon.

Tıraş yanığı: Vücut kılının cildin ilk tabakasının altında kalarak tümsekler ve kıl dönmeleri oluşturduğu acılı bir rahatsızlık.

Uyku yoksunluğu: Uyku kaybı veya yetersiz uyuma.

Uyuyamama hastalığı: Gece uykuya dalma güçlüğünün tıbbi tanısı.

Üreme: Yaşayan organizmaların kendi türlerinden daha fazla yaptığı süreç.

Yaşıt baskısı: Aynı yaş grubundan olanların birbiri üzerindeki etkisi.

Zihinsel sağlık: Duygular, zekâ ve hayat dersleri yönünden aklın iyi olması.

REFERANSLAR

Bölüm 1: Ah Şu Değişim Zamanları

"All About Puberty." KidsHealth. Nemours Foundation. October 2015. https://kidshealth.org/en/kids/puberty.html

Bailey, Jacqui, and Jan McCafferty. Sex, Puberty, and All that Stuff. Hauppauge, NY: Barrons Educational Series, 2004.

"Boys and Puberty." KidsHealth. Nemours Foundation. September 2014. https://kidshealth.org/en/kids/boys-puberty.html

"The Changing Face of America's Adolescents." U.S. Department of Health & Human Services. February 2019. https://www.hhs.gov/ash/oah/facts-and-stats/changing-face-of-americas-adolescents/index.html

"Coming of Age: Adolescent Health." World Health Organization. February 2019. https://www.who.int/health-topics/adolescents/coming-of-age-adolescent-health

Madaras, Lynda. The "What's Happening to My Body?" Book for Boys. New York, NY: Newmarket Press, 2007.

McCave, Marta. Puberty's Wild Ride. Philadelphia, PA: Family Planning Council, 2004.

"Puberty." Encyclopedia of Children's Health. http://www.healthofchildren.com/P/Puberty.html

"Puberty." Young Men's Health. July 2017. https://youngmenshealthsite.org/guides/puberty

"What is Puberty?" WebMD. WebMD, LLC. October 2017. https://teens.webmd.com/boys/qa/what-is-puberty

Bölüm 2: Vücudun Değişiyor

"Modern Human Diversity—Skin Color." Smithsonian National Museum of Natural History. March 2019. http://humanorigins.si.edu/evidence/genetics/human-skin-color-variation/modern-human-diversity-skin-color

"Shortest Man Ever." Guinness Book of World Records. March 2019. http://www.guinnessworldrecords.com/world-records/67521-shortest-man-ever

"Skin Conditions By the Numbers." American Academy of Dermatology Association. March 2019. https://www.aad.org/media/stats/conditions/skin-conditions-by-the-numbers

"Tallest Man Ever." Guinness Book of World Records.

March 2019. http://www.guinnessworldrecords.com/world-records/tallest-man-ever

"Why Do I Get Acne?" TeensHealth. Nemours Foundation. June 2014. https://kidshealth.org/en/teens/acne.html

Bölüm 3: Görünüşün ve Sesin Artık Daha Olgun

Geggel, Laura. "Why Do Men Have Nipples?" Live Science. June 2017. https://www.livescience.com/32467-why-do-men-have-nipples.html

"Gynecomastia." TeensHealth. Nemours Foundation. October 2016. https://kidshealth.org/en/teens/boybrst.html

"What's an Adam's Apple?" KidsHealth. Nemours Foundation. June 2016. https://kidshealth.org/en/kids/adams-apple.html

"Why Is My Voice Changing?" TeensHealth. Nemours Foundation. June 2015. https://kidshealth.org/en/teens/voice-changing.html

Bölüm 4: Kemer Altı

"Male Reproductive System." TeensHealth. Nemours Foundation. September 2016. https://kidshealth.org/en/teens/male-repro.html

"Physical Development in Boys: What to Expect." American Academy of Pediatrics. May 2015. https://www.healthychildren.org/English/ages-stages/gradeschool/puberty/Pages/Physical-Development-Boys-What-to-Expect.aspx

"Testicular Exams." TeensHealth. Nemours Foundation. September 2016. https://kidshealth.org/en/teens/testicles.html

"What Are Wet Dreams?" TeensHealth. Nemours Foundation. September 2016. https://kidshealth.org/en/teens/expert-wet-dreams.html

Bölüm 5: Beslenmek ve Vücuduna Gerekli Yakıtı Sağlamak

Butler, Natalie. "6 Essential Nutrients and Why Your Body Needs Them." Healthline. April 2018. https://www.healthline.com/health/food-nutrition/six-essential-nutrients

Comprehensive Implementation Plan on Maternal, Infant and Young Child Nutrition. Geneva: World Health Organization, 2014.

Global Action Plan For the Prevention and Control of NCDs 2013–2020. Geneva: World Health Organization, 2013.

Guideline: Sugars Intake for Adults and Children. Geneva: World Health Organization, 2015.

Hartwig, Melissa; Hartwig, Dallas. The Whole30: The 30-Day Guide to Total Health and Food Freedom. Boston, MA: Houghton Mifflin Harcourt, 2015.

"Healthy Diet." World Health Organization. October 2018. https://www.who.int/en/news-room/fact-sheets/detail/healthy-diet

Honeycutt, Emily. "Eating the Rainbow: Why Eating a Variety of Fruits and Vegetables Is Important for Optimal Health." Food Revolution Network. December 2017. https://foodrevolution.org/blog/eating-the-rainbow-health-benefits

"How Much Sleep Do We Really Need?" National Sleep Foundation. March 2019. https://www.sleepfoundation.org/excessive-sleepiness/support/how-much-sleep-do-we-really-need

"Nutrients." World Health Organization. March

2019. https://www.who.int/elena/nutrient/en

Walker, Matthew. Why We Sleep. New York, NY: Simon & Schuster, Inc., 2017.

"What is MyPlate?" ChooseMyPlate. March 2019. https://www.choosemyplate.gov/WhatIsMyPlate

Bölüm 6: Duygular ve Arkadaşlar

Ackerman, Courtney. "Essential Positive Coping Skills." Positive Psychology. February 2019. https://positivepsychologyprogram.com/coping-skills

Cherry, Kendra. "Color Psychology: Does It Affect How You Feel?" Very Well Mind. March 2019. https://www.verywellmind.com/color-psychology-2795824

Rough, Bonnie J. Beyond Birds & Bees. New York, NY: Seal Press, 2018.

"Sexual Attraction and Orientation." TeensHealth. Nemours Foundation. October 2015. https://kidshealth.org/en/teens/sexual-orientation.html

Siegel, Dan. "The Healthy Mind Platter." The Healthy Mind Platter. 2011. https://www.drdansiegel.com/resources/healthy_mind_platter/

"What Consent Looks Like." RAINN. https://www.

rainn.org/articles/what-is-consent

"What Is Consent?" Love Is Respect. March 2019. https://www.loveisrespect.org/healthy-relationships/what-consent/

Bölüm 7: Aile ve Diğer Güvenli Alanlar

"Adolescent Mental Health." World Health Organization. September 2018. https://www.who.int/news-room/fact-sheets/detail/adolescent-mental-health

"Child and Adolescent Mental Health." National Institutes of Health. April 2017. https://www.nimh.nih.gov/health/topics/child-and-adolescent-mental-health/index.shtml

"Why Am I in Such a Bad Mood?" TeensHealth. Nemours Foundation. August 2015. https://kidshealth.org/en/teens/bad-mood.html

TEŞEKKÜRLER

Büyüme serüvenine tekrar cesaret edebileceğimi hiç beklemezdim ama ergenlik beni yine buldu. Bu defa hem espri hem de saygı anlayışı yönünden biraz daha hazırlıklıydım. Büyümek, çoğunlukla acele ettiğimiz bir şeydir, ta ki yetişkin olup tekrar başa dönmek isteyene kadar. Bu kitap başa dönüşümdü. Umarım gençlere ve ailelerine dünyanın en önemli konusu olan hayat hakkında gerekli konuşmaları yapmalarında yardımcı olur.

Bu kitap kapsamlı sağlık programları ve uygun kaynaklar konusunda destek olan eğitmen dostlar olmadan olamazdı. İlgili bölümlerdeki aktarımlara katkıda bulunan herkese ve sağlık eğitiminde liderlikleri için sağlık kuruluşlarına çok teşekkür ediyorum.

Eşim Sarah'a sonsuz desteği için, aileme beni eğitime yönlendirdikleri için, çocuklarıma hayata başka bir açıdan bakmamı sağladıkları için, öğrencilerime bana genç kalmayı öğrettikleri için çok teşekkür ederim. Son teşekkür de sana, okuyucuma; bilgisini ve deneyimini gelecek nesillerle aktaracak kişi olma yolunda bu sözlere güvendiğiniz için gelsin. Kaç yaşında olursak olalım büyüme serüvenimize devam etmek ümidiyle.

YAZAR HAKKINDA

Scott Todnem, 2001 yılından bu yana ortaokul düzeyinde sağlık eğitimi dersi veriyor. 2019 yılında Yılın En İyi Ulusal Sağlık Eğitmeni ödülünü aldı. Sağlık eğitimi programlarının faydaları hakkında konuşmak için seyahat eden, ulusal çapta tanınmış bir sunucudur. Eyaletlere ve ülkelerin başkentlerine eğitim gezileri düzenledi, öğrenciler ve personel için takım kurma koordinatörlüğü yaptı ve gençler için yaz kampı koordinatörlüğü hizmeti verdi. Ayrıca kültürel çeşitlilik ve cinsiyet çeşitliliği için kaynaştırma topluluklarında görev aldı ve platformlarını zihinsel sağlık farkındalığı ve intiharı önleme için kullanıyor.

Scott, ABD'de ve denizaşırı ülkelerde büyüyerek farklı kesimlerden yeni arkadaşlar edindi. Spordan çizgi romanlara, şiirden punk rocka kadar her şeye sevdalanarak derleme bir ilgi alanı ve hobi listesi oluşturdu. Scott her zaman biraz uzun boyluydu, biraz hassastı ve birazcık da tuhaftı.

Şu anda eşi ve dört çocuğuyla kitap okumaktan, plak biriktirmekten ve dünyanın muhtemelen en iyi baba şakalarını yapmaktan keyif aldığı Illinois'de yaşıyor. Daha fazla yazısını ve farklı içeriklerini, internet sitesi olan LifeIsThe-Future.com'dan okuyabilirsiniz. Onu, sosyal medyada @ MrTodnem ya da @ScottAmpersand kullanıcı isimlerinden bulabilirsiniz.